Les mystères essentiels
de l'Entrée à Lankâ

Trésors du bouddhisme
Collection dirigée par Patrick Carré

Déjà parus

Soûtra de la Liberté inconcevable :
Les enseignements de Vimalakîrti

Soûtra du Diamant
et autres soûtras de la Voie médiane

Buddhaghosa
Visuddhimagga,
le Chemin de la Pureté

Mipham
L'Opalescent Joyau
Nor-bu ke-ta-ka

Sengzhao
Introduction aux pratiques
de la non-dualité,
Commentaire du « Soûtra
de la Liberté inconcevable »

Soûtra des Dix Terres

Soûtra du Filet de Brahmâ

Hônen
Le gué vers la Terre Pure

Soûtra du Dévoilement
du sens profond

Soûtra de l'Éveil parfait
et Traité de la Naissance de la foi
dans le Grand Véhicule

Soûtra de l'Entrée à Lankâ

Fazang

Les mystères essentiels
de l'Entrée à Lankâ
入楞伽心玄義

Rù Lĕngjiā xīn xuán yì

Traduit du chinois
introduit et annoté
par Patrick Carré

Fayard

Introduction
aux Mystères essentiels
de l'Entrée à Lankâ

FAUT-IL RÉALISER LE RÉEL ?

Le *Soûtra de l'Entrée à Lankâ* est l'un des textes les plus difficiles du Grand Véhicule par son altitude philosophique, son infatigable densité et son décousu apparent[1].

On sait que les adeptes du Chan/Zen aiment ce texte autant que le *Soûtra du Diamant* : dans ce dernier l'accent serait mis sur la vacuité, alors que le *Soûtra de l'Entrée à Lankâ* ferait plutôt la part belle à l'esprit. J'emploie le conditionnel pour dire qu'il me semble que ces opinions sont erronées et ne font que répéter l'idée idiote qu'il y a *deux* Chan : l'un gradualiste et imparfait et l'autre subitiste et parfait. Ce sont là des clichés sectaires sans rapport avec la richesse du réel[2]. Le sixième patriarche du Chan, Huineng, rappelle que la *réalisation du réel* n'est pas une « réalité » qui serait soudaine ou progressive : la vitesse de

---

1. Il n'est que de le constater en se munissant de la traduction française de cet ouvrage, réalisée sur la version chinoise de Shikshânanda, et en essayant de la lire jusqu'au bout sans perdre un peu de raison... Ces trois qualités, ou défauts (comme on voudra), du *Lankâ* sont largement abordées dans les premières pages de D. T. Suzuki, *Studies in the Lankavatara Sutra*, Londres, 1930, réimpression Taipei, Southern Materials Center Inc., 1977.
2. S'il désire s'en convaincre, le lecteur pourra se reporter aux travaux de Bernard Faure comme *Le traité de Bodhidharma : première anthologie du bouddhisme Chan*, Paris, Le Mail, 1986, et plus particulièrement *Le bouddhisme Ch'an en mal d'histoire : genèse d'une tradition religieuse dans la Chine des T'ang,* Paris, École Française d'Extrême-Orient, 1989, p. 20 et suiv.

la réalisation ne dépend certainement pas de son insaisissable objet, mais uniquement des facultés plus ou moins aiguës de celui ou celle qui «s'intéresse au réel[1]».

Qu'est-ce que j'appelle «réel[2]»? Le concret non trompeur, non interprété, l'apparence *d'elle-même*, sans face cachée, l'immédiat, l'évident, le non-mensonger, le non-illusoire, le non-tordu, et ainsi de suite. Une expression comme «accéder au réel» pourrait plus simplement se dire «prendre les choses telles qu'elles sont» ou, plus vulgairement encore, «ne pas se raconter d'histoires».

Si bien que les *dharmas*, et donc *le* Dharma, sont juste le réel, «ce qui est» – au sens non philosophique du verbe être. Celui qui «enseigne le Dharma» dit le réel. Un bouddha est un être qui «fait corps avec le réel» : quand il parle du réel, il n'est que la voix du réel. Quand il dit, par exemple, que le bien engendre le bien et le mal le mal, il *dit le réel*, ce que les non-aveugles reconnaissent. Tout ce qu'il dit du réel n'en demeure pas moins *expédient*[3], car le dire du réel tel qu'il est réellement exige une perfection si haute de celui qui l'entend que la chose est impossible dans la réalité commune ordinaire. Il semblerait cependant que le réel ne soit autre que cette réalité commune telle qu'elle apparaît dans l'esprit de l'homme libre de toute souffrance émotionnelle et de toute ignorance.

En opposant la vérité immuable aux changeantes réalités, on peut encore appeler réel ce qui n'est pas illusoire au sein même de l'illusion, ce qui n'est pas ignorant dans les innombrables

---

1. Dans le *Soûtra de l'Estrade*, Fahai écrit : «Tout le monde dit "Huineng au sud et Shenxiu au nord" mais personne ne sait au fond pourquoi… Les enseignements émanent d'un principe unique, mais les hommes peuvent être originaires du sud et du nord. Voilà pour le nord et le sud. Quant au "graduel" et au "subit", le réel est seul et unique, mais la vision qu'on en a est plus ou moins vive. À une vision rapide correspond le subit ; à une vision lente, le graduel. Le réel ignore le graduel et le subit, mais il existe des hommes aigus, et d'autres obtus. Voilà pour le graduel et le subit.» *Le Soûtra de l'Estrade du Sixième Patriarche Houei-neng*, Paris, Seuil, «Points Sagesses», 1995, p. 79.
2. *Zhēn* 真, *zhēnshí* 真實。
3. *Upāya, fāngbiàn* 方便。

produits de l'ignorance. Le réel est un éclair d'émerveillement et d'harmonie au cœur du chaos de ce que nous croyons : il commence forcément par ce que nos habitudes tiennent pour impossible, inconcevable, et même *irréel*. Dès lors, « réaliser le réel[1] », ce n'est pas tant lui donner l'être que simplement le constater, « vivre avec » et ne plus chercher quelque chimérique « éveil » pour échapper au pire effet de l'ignorance : la souffrance. La réalisation du réel dépasse la compréhension intellectuelle de l'état naturel des choses, qui n'en est qu'une indication ; en fait, si elle a lieu « dans l'esprit », l'esprit dont il s'agit alors n'a pas de meilleur nom qu'« esprit un », un esprit sans pensées, voire sans rien de spirituel[2].

Les puissantes négations que ce genre d'expérience met en lumière ont reçu le nom de vacuité. La vacuité réfute ce qui est en soi et par soi. Rien n'est en soi et par soi dans un univers d'idées fictives : tout est vide. Tout étant vide, tout est pur et réel : quel Éveil chercher ailleurs ? Et s'il n'y a pas davantage de réel en soi et par soi, bien entendu, le réel est indéniable quand il jaillit de l'éclat des *réalités* dont il est le « côté » absolu.

Pour les adeptes de l'Esprit-Seulement, dont le *Soûtra de l'Entrée à Lankâ* consigne la pensée, cette réalisation a lieu avec le « renversement du support[3] », renversement qui désigne le retour de la conscience fondamentale à sa primordiale pureté de nature de bouddha. La réalisation du réel n'est pas une acquisition même si les textes appellent « acquis de sagesse » l'espace recouvré à mesure que les pollutions disparaissent. Le retour au réel n'est autre que la constatation de l'Éveil primordial. La foi est alors l'adhésion sincère du cœur à la possibilité d'accéder au réel, ce réel qui est possible comme le prouve la réalisation intérieure des êtres sublimes[4].

---

1. *Zhèngzhēn* 證真。
2. Respectivement *yīxīn* 一心, *wúniàn* 無念 et *wúxīn* 無心。
3. *Âshrayapâravritti, zhuǎnyī* 轉依。
4. Tout ce qui précède est amplement développé dans l'*Entrée*, à laquelle je ne puis que renvoyer.

FAZANG ET LE SOÛTRA
DE L'ENTRÉE À LANKÂ

Le *Soûtra de l'Entrée à Lankâ* se présente comme un texte consacré à la réalisation du réel qui intègre

1) la vacuité selon Nâgârjuna,

2) l'esprit selon Asanga et Vasubandhu, et

3) la nature de bouddha (ou « réceptacle d'ainsi-venu ») telle qu'elle apparaît, entre autres, dans le *Soûtra du Grand Nirvâna Complet* et le *Soûtra du Rugissement de Shrîmâlâdevî*[1].

Ces trois points essentiels de la pensée mystique pratique du Grand Véhicule, ainsi que leur intégration, constituent l'objet du présent ouvrage : ce sont des « mystères[2] » dont la connaissance, ou plutôt l'expérience vivante, garantit la plus grande sagesse et la plus grande liberté. Il se trouve que ces mystères sont remarquablement exposés et traités par un grand moine chinois appelé Fazang dans le *Rù Lĕngjiā xīnxuán yì*[3], ouvrage en un rouleau ici traduit, dont le titre à lui seul pourrait faire l'objet d'une étude déjà conséquente.

De l'« Entrée à Lankâ », Fazang se propose donc d'exposer les *xīn xuán yì*, expression riche de multiples significations qu'il est intéressant de connaître. J'ai choisi d'intituler le présent travail *Mystères essentiels de l'Entrée à Lankâ* en prenant le chinois *xīn* au sens de « concentré », « abrégé » ou « essence » à quoi tous les mystères du *Lankâ* peuvent se ramener. Mais on pourrait également comprendre que Fazang explique les « mystères de l'esprit (*xīn*) qui accède à Lankâ », ainsi que le chapitre consacré au titre de l'ouvrage éclaire le sens de cette « entrée dans l'impénétrable ». On peut encore comprendre que Fazang s'attache à expliquer les mystères du *Lankâvatârasûtra-hridaya*, autre nom de la version chinoise du texte réalisée par

---

1. Le *Mahâparinirvânasûtra* et le *Shrîmâlâdevîsimhanâdasûtra*.
2. *Xuán* 玄。
3. 入楞伽心玄義, T 1790, vol. 39, p. 425-433.

Gunabhadra[1] : cela se pourrait dans la mesure où l'auteur cite plus la traduction de Gunabhadra que celle de Shikshânanda, à laquelle il a pourtant participé et qu'il considère comme plus correcte que les précédentes. Voilà pour la « polysémie » du titre du présent commentaire.

Mais qui donc est Fazang, le brillant commentateur[2] ? Rien de moins que le « troisième patriarche de l'école Huayan ». Originaire de Samarcande où il naît en 643, il étudie la pensée du *Soûtra des Ornements Fleuris*, *Avatamsakasûtra* en sanskrit, ou *Huáyánjīng* en chinois, auprès de Zhiyan, héritier spirituel de Dushun, qui voit en Fazang son « successeur ». À la mort de son maître, en 668, Fazang n'est toujours pas moine. Ce n'est qu'en 671 qu'il est ordonné au Taiyuan-si, sur l'ordre de l'impératrice Wu Zetian[3]. En 684, il étudie auprès de Divâkara, moine indien du Magadha, la classification des enseignements bouddhistes[4] selon Shîlabhadra et Jñânaprabha, les deux successeurs de Dharmapâla au sein de l'école de la Conscience-Seulement (Vijñaptimâtra) à l'université de Nâlandâ. Avec ce maître, il traduit le *Gandavyûha*, dernière portion du *Soûtra des Ornements Fleuris* qui manquait à la traduction de Buddhabhadra[5]. Puis il assiste d'autres traducteurs : Devaprajña (le traducteur de Sthiramati), Yijing le voyageur et surtout Shikshânanda.

Minutieux glossateur du *Soûtra des Ornements Fleuris*, il systématise la pensée Huayan qui, avec lui, devient une « école » dont il sera, disions-nous, le troisième patriarche après Dushun

---

1. Sur la personne de Gunabhadra, cf. B. Faure (1989), p. 28 et suiv.; *Soûtra de l'Estrade*, p. 117 et suiv.; *Entrée*, p. 21.
2. Cette notice sur Fazang est inspirée d'Alan Fox de l'université de Delaware (USA), *in* Ian P. McGreal (éd.), *Great Thinkers of the Eastern World*, HarperCollins, 1995, p. 99 à 103, et de Deng Keming, « Particularités de l'idéalisme de Faxiang », 鄧克銘, 法藏之心識觀的特色, 中華佛學學報第九期, 1996, p. 243 à 260.
3. La seule impératrice de toute l'histoire chinoise. Aussi tyrannique que « mystique », elle se faisait secrètement appeler *Zhào* 曌, « mot » ou « nom » créé pour elle à partir de *míng* 明, « luminosité », et *kōng* 空, « vacuité ». Cf. *inf.*, n. 1, p. 97.
4. *Pànjiào* 判教。
5. Le *Gandavyûha*, ou « Entrée dans la dimension absolue », *Rù Fǎjiè pǐn* 入法界品, sera retraduit par Shikshânanda, puis par Prajña.

et Zhiyan[1]. Le *Soûtra du Cœur de la Connaissance transcendante*, le *Soûtra de l'Entrée à Lankâ*, le *Soûtra du Filet de Brahmâ*, le *Traité de la Naissance de la foi dans le Grand Véhicule* et le *Traité de l'In-différence de la Dimension absolue*[2], entre autres textes qu'il commente et apprécie, sont à la fois les causes de sa pensée et les preuves de sa validité, dont le point culminant est cette «dimension absolue des phénomènes qui ne se font jamais obstacle».

LA DIMENSION ABSOLUE

Les «Ornements Fleuris» de l'Éveil du Bouddha ont donné leur nom à un soûtra dont une première traduction chinoise, due à Buddhabhadra, paraît en l'an 420. Pendant près d'un siècle et demi, cette bible grandiose, d'une ineffable qualité littéraire, semble n'intéresser personne d'autre que son traducteur et quelques anonymes, jusqu'au jour où Dushun (557-640) en prononcera des commentaires fabuleux que son disciple Zhiyan couchera par écrit[3], et que le disciple de celui-ci, Fazang, mènera à leur perfection tant littéraire que mystique[4]. Ces trois moines éminents deviendront les trois premiers «patriarches» d'une lignée qui ne fera pas vraiment école mais qui pourra se targuer d'être, avec le Tiantai, l'universel trésor

---

1. Entre autres études sur l'*Avatamsaka*, Fazang produira un commentaire détaillé de la traduction de Buddhabhadra (T 278), le *Tànxuánjì* ou *Enquête sur les mystères du Soûtra des Ornements Fleuris* 華嚴經探玄記, en 20 rouleaux, T 1733, vol. 35, p. 107 à 492 ; le célèbre essai du *Lion d'or* 金師子章, T 1881, vol. 45, p. 667 à 671 ; un *Essai sur la production de l'esprit d'Éveil* selon les enseignements complets du Huayan 華嚴發菩提心章, T 1878, vol. 45, p. 650 à 656 ; et les *Annales de la transmission* du grand soûtra 華嚴經傳記, T 2073, vol. 51, p. 153 à 173.
2. On trouvera les références exactes de ces textes dans la Bibliographie, en fin de volume.
3. Dans *Les dix accès aux mystères du véhicule unique du Huayan* 華嚴一乘十玄門, T 1868, vol. 45, p. 514 à 519.
4. Par exemple dans le *Tanxuanji. Cf. sup.*, n.1.

de toutes les explications chinoises possibles de la voie mystique du Grand Véhicule bouddhiste[1].

À part son « énormité », quelle est la particularité, la « grande idée[2] », comme on dit en Chine, du *Soûtra des Ornements Fleuris* ? Je crois qu'il est légitime de répondre : la *dimension absolue*, en sanskrit *dharmadhâtu* et en chinois *fǎjiè*[3]. La traduction française que j'ai retenue de ce terme relève peut-être plus du vocabulaire de la science-fiction que de la philosophie mystique, mais elle cherche à combiner la plupart des connotations du mot « dimension » – comme on parle d'un univers à trois, quatre ou *x* dimensions – et du mot « absolu » dont le caractère général est ici *inquiétant* à souhait. Qu'est-ce que cela peut bien être une, ou la, « dimension absolue » ? C'est ce que les *Ornements Fleuris* et les penseurs visionnaires qu'ils inspirent illustrent tant au plus vaste qu'au plus précis.

La dimension absolue n'est autre que la substance fondamentale du corps-esprit de tous les êtres. Le mot sanskrit *dharmadhâtu* réunit les idées de « lois des choses » (*dharma*) et d'« éléments, ou parts » (*dhâtu*) des mêmes choses. Les choses, autrement dit le réel, sont des processus régis par des lois : en tant qu'ils obéissent à leurs lois, ils ont la même nature, ce qui ne les empêche pas de manifester une infinité de différences. Si bien que, en fonction de leur commune nature et de leurs différences, toutes choses tissent entre elles des liens en formant une dimension où le principe absolu et les faits relatifs ne peuvent pas se contrarier.

Le principe absolu consiste à reconnaître que, naissant en interdépendances, les choses ne naissent pas à proprement parler. Ce principe absolu, le sans-naissance, imprègne donc chaque chose et chaque chose le partage avec toutes les autres, ce qui explique cet aspect de la dimension absolue où

---

1. Sur la pensée du Tiantai, on pourra lire Paul Magnin (1979).
2. *Dàyì* 大意。
3. 法界。

les choses relatives ne s'opposent jamais les unes aux autres, et jamais ne se contrarient.

La dimension absolue présente donc quatre aspects :

1) l'ensemble des choses, faits, ou événements relatifs [1],

2) la sphère principielle de leur commune essence [2],

3) la dimension où le principe et les faits ne se contredisent pas [3], puisque les faits ne sont que la manifestation, voire l'apparence, du principe, puisque ce principe est aussi le principe de tous les faits possibles, et que, par là-même, principe et faits s'entre-dissolvent.

4) Enfin, dans la dimension absolue, les entités relatives ne se contrarient jamais les unes les autres [4], autrement dit, clairement distinctes les unes des autres, les choses ou apparences s'intègrent les unes aux autres d'abord du fait de leur commune essence de vacuité, ensuite parce que, en vacuité, l'un est multiple et le multiple un, de même que le grand et le petit se contiennent l'un l'autre et que chaque instance du réel se trouve constamment dédoublée à l'infini.

Tout cela peut se ramener à une seule dimension absolue, unique et vraie, l'esprit un des anciens maîtres, qui ne désigne pas tant la pensée concentrée que la substance même de tous les êtres, cette claire lumière aperceptive et vide qui s'exprime dans les quatre dimensions de l'absolu du réel que nous venons d'évoquer.

Voilà comment le Huayan voit le réel. Voilà plutôt comment le Bouddha, qui est le réel sous l'aspect d'un « être réalisé », décrit, enseigne ou dit le réel pendant les trente-sept « premiers jours » de son Éveil [5] : ce soûtra de quelque quatre mille cinq

---

1. *Shì fǎjiè* 事法界。

2. *Lǐ fǎjiè* 理法界。

3. *Lǐshì wúǎi fǎjiè* 理事無礙法界。

4. *Shìshì wúǎi fǎjiè* 事事無礙法界。

5. Ces jours sont des unités pseudo-temporelles (« hiérohistoriques ») dont les penseurs du Tiantai ne comptent que 27 : la linéarité du langage ne peut pas suivre la grande simultanéité de tous les événements dont la sagesse orne la sublime sphère de la réalisation intérieure.

cents feuillets en traduction française [1] est un rapport détaillé, si je puis dire, un journal de bord de la réalité telle que, par-delà tous les concepts possibles, elle « est », tout simplement.

Si le réel ainsi décrit vous semble impossiblement, voire maladivement, baroque et chantourné, c'est que votre compréhension de la vacuité, ou production interdépendante, manque l'essentiel, car c'est exactement notre monde que l'Éveil révèle, ce réel-ci dont il n'est pas d'autre, unique, instantané et totalement *in-différent* [2], et ce réel, cet unique, c'est l'expérience de l'homme, à chaque instant de sa vie, telle quelle et vraie.

L'homme dit « Éveillé » a ceci de particulier qu'il perçoit simultanément tout ce qui, corps, esprit et au-delà, peuple les univers infinis, sans que cela ne dérange en rien sa tranquillité, qu'il vaque à ses rêves comme ici-bas nous le faisons ou vive inconcevablement ailleurs.

Lumières mêmes de la sagesse de la réalisation intérieure des êtres sublimes, la simultanéité de tous les événements du monde et toutes les qualités de la dimension absolue du réel ne sont évidemment pas des évidences pour chacun de nous.

Pour le Huayan selon Fazang, les êtres qui se croient distincts du réel – de l'absolu du réel –, en sont « éloignés » à différents degrés. La matière peut être nuancée à l'infini mais le Huayan ramène les croyances à l'endroit du réel à dix « écoles », lesquelles trouvent réponse à leurs questions dans les cinq niveaux des enseignements du Bouddha.

---

1. Si l'on imagine que soient entièrement traduits les 80 rouleaux de la version chinoise de Shikshânanda.

2. Ainsi que l'on peut comprendre l'*adiaphorie* pyrrhonienne. Cf. P. Carré, *Nostalgie de la vacuité*, Paris, Pauvert, 2000, p. 111 et 112, suivant l'interprétation de M. Conche, *Pyrrhon ou l'apparence*, (1994), p. 90 et suiv.

LES CINQ NIVEAUX
ET LES DIX ÉCOLES SELON LE HUAYAN

Au niveau le plus simple, les enseignements du Petit Véhicule sont censés répondre aux questions de ceux et celles qui aspirent à retrouver le réel en croyant que le monde et le moi existent réellement. Du point de vue bouddhiste, ceux-là se trompent irrémédiablement pour ce qui est d'atteindre la libération, même si leurs «mérites» leur permettent de renaître dans les destinées supérieures, dans les mondes humains et divins. (1ère école)

Il faut bien savoir qu'aucun pratiquant bouddhiste, sinon les Vaibhajyas – dont il n'existe plus de représentants –, ne croit à la réalité du moi individuel : certes composé d'éléments réels, le moi n'est qu'une série d'atomes et d'instants de conscience qui ne durent pas même un instant. (2ème école)

Si le moi est une idée infondée, les choses, matière et esprit, existent bel et bien, mais uniquement au cours de l'expérience présente. Tout le reste n'est qu'invérifiable supposition. (3ème école)

L'expérience présente est certes vécue, mais elle n'est pas ultimement vraie : ultimement vrais sont les composants infinitésimaux de la matière et de la conscience. (4ème école)

Il est relativement vrai que l'expérience est illusoire, puisqu'elle paraît, ou se laisse percevoir, sans exister réellement, mais il demeure absolument vrai qu'elle «a quelque chose de réel». (5ème école)

Tous les composants de l'expérience, tant dans le relatif que dans l'absolu, peuvent se ramener à des mots. (6ème et dernière école du Petit Véhicule)

Pour les bodhisattvas, les êtres que guide l'esprit d'Éveil, tout est vide ; les mots aussi, bien entendu : c'est là le «commencement du Grand Véhicule». (7ème école & 2ème niveau d'enseignement)

Or les qualités du réel ne sont pas vides, car la bouddhéité dépasse les catégories de l'être et du non-être : voilà la «fin» du Grand Véhicule. (8ème école & 3ème niveau d'enseignement)

Au sein du Grand Véhicule encore il existe certains adeptes pour qui le réel sera rejoint en un seul instant avec la disparition simultanée des apparences et des représentations. Ces êtres s'illuminent aux enseignements de Vimalakîrti, par exemple. (9ème école & 4ème niveau d'enseignement, dit «subitiste»)

Enfin, il y a ceux et celles à qui conviennent les enseignements de la Grande Perfection, et pour qui, «réalisé» ou non, le réel est là, tout entier, dans la perfection de la claire lumière où librement jouent toutes les qualités [1]. (10ème école & 5ème niveau d'enseignement, dit «parfait»)

Cette perfection est celle de la sphère non polluée, le caractère absolu de tout ce qui existe dans le temps et l'éternité. L'essence du réel, parfaite claire lumière, enveloppe toutes les qualités de la dimension absolue où il n'est plus un seul possible qui fasse défaut ou vienne à disparaître. Car cette dimension absolue du réel unique et un s'avère inépuisable et infinie : voilà ce que voient ceux qui méritent de recevoir les enseignements complets qui les rendront définitivement au réel, et auxquels le Bouddha déclare que «de même que la bouddhéité en tant que réel manifeste subitement l'éclatante luminosité des bouddhas en corps de jouissance, de même la sublime sphère de la réalisation intérieure manifeste-t-elle subitement les caractéristiques des choses en les plaçant dans une lumière telle que toute opinion fausse à leur sujet disparaît [2].»

Voilà qui est inaccessible à l'intellect mais que les grands textes porteurs des enseignements parfaits s'efforcent par tous les moyens de *montrer* : le *Soûtra des Ornements Fleuris* sur un mode holiste et visionnaire, le *Soûtra du Grand Nirvâna Complet* sur tous les modes, et le *Soûtra de l'Entrée à Lankâ*, dont Fazang

---

1. *Yuánmíng jūdé* 圓明具德 : Spinoza appellerait certainement ces «qualités» des *attributs* de Dieu.
2. *Soûtra de l'Entrée à Lankâ*, p. 88.

prouve qu'il appartient à la plus haute catégorie d'enseignements, suivant la logique absolue de ce que l'on pourrait en souriant appeler la «cinquième jambe du tétralemme».

LA CINQUIÈME JAMBE DU TÉTRALEMME

Le tétralemme (sanskrit *catushkoti*[1]) est un artifice logique qui se compose de quatre membres[2] représentant tous les modes de jugement possibles sous forme de : 1) thèse, 2) antithèse, 3) synthèse, et 4) «disparition», autrement dit ni thèse ni antithèse.

Pour prendre un exemple, nous pouvons nous demander si «le réel est un ou multiple» :

1. Le réel est un.
2. Le réel est multiple.
3. Le réel est un et multiple.
4. Le réel n'est ni un ni multiple.

Ce schéma est une merveille : je vais vous le prouver.

Dans le *Soûtra de l'Entrée à Lankâ*, les tétralemmes sont des pièges où il ne faut pas tomber : généralement, la plupart des hommes s'en tiennent à *une* thèse, par exemple, que «seule existe la matière». Cette façon de voir les choses appellera inévitablement son contraire : que la matière n'existe pas. Certains le croient : les Cathares, par exemple, Berkeley ou les Sâmkhyas. D'aucuns cependant, plus subtils, pensent que la matière – pour garder l'exemple, sans opinion particulière – existe *et* n'existe pas : ils vous parleront de particules *qui sont aussi* des ondes – de devenir, de ronds carrés et de morts vivants… Jusqu'ici, rien d'extraordinaire, sinon que chacune de ces façons de penser est un extrême du jugement qui finira par être pris en défaut.

---

1. *Sìjù* 四句。
2. Calqué sur *dilemme*, *tétralemme* vient du grec *tetra* qui signifie «quatre» et *lêmma* qui signifie littéralement «jambe», puis «prémisse d'un syllogisme».

Mais alors, est-ce le quatrième membre du tétralemme qui « dit vrai » ? Ici, donc, que la matière n'est *ni* être *ni* néant : double négation chère aux mystiques chiites selon H. Corbin [1] ; *neti neti*, diraient certains [2]. Aristote en nous peine à admettre que X n'étant pas X n'est pas non plus non-X car il ne peut pas le comprendre. Ce qui ne veut pas davantage dire que la matière, par exemple, ne relève ni de l'être ni du non-être *mais d'autre chose encore*. Que non ! Soit dit immédiatement que c'est la *vacuité* de cet « encore autre chose » que le *Soûtra de l'Entrée à Lankâ* appelle « nature de bouddha ». Si bien que lorsque le Bouddha met en garde Mahâmati contre les limites de tous les tétralemmes possibles, il ne pointe pas une réalité qui existerait au-delà de tous les jugements [3] mais plutôt l'ici-et-maintenant unique et clair qui *intègre* les quatre membres de tout tétralemme dans sa vérité inconcevable – l'absolu du réel.

Qu'il soit donc bien entendu que l'erreur de l'homme consiste à limiter ses jugements d'existence et de valeur à un, deux, voire trois membres de n'importe quel tétralemme. Cette erreur lui est fatale au point de le priver de sa liberté naturelle en le plongeant dans un océan de souffrances. La perfection du jugement est l'intégration des quatre membres du tétralemme dont chacun est faux isolément et vrai dès lors que la vérité des trois autres est avérée, car elle devient telle alors.

Pour prendre un autre exemple, nous dirons face à la statue en or d'un lion [4] que :

1. *Il y a* un lion d'or composé d'instants de matière et de conscience réels – ce qui peut être vrai tant que la proposition suivante ne vient pas à l'esprit et emporte sa conviction.

---

1. Si l'on me permet cet apparent hors-sujet, *Histoire de la philosophie islamique*, Paris, Gallimard, 1964, « Folio Idées », p. 119, ou l'auteur explicite le divin *tawhîd* (« unité ») en recourant à la « double négativité ».
2. Ce « non, non » des anciens textes bouddhiques représente la négation puis la négation de la négation.
3. Ce serait alors une espèce de suressentialisme (néo-)platonicien digne des plus lovecraftiennes imaginations…
4. Cf. Magnin (2005), p. 54 et suiv.

2. Ces instants sont irréels puisqu'ils n'existent pas en soi et par soi mais dépendent d'un nombre infini de causes et de conditions – ce qui s'avère faux dès que l'on conçoit la nuance suivante :

3. Bien qu'irréels, ces instants de matière et de conscience composent l'illusion d'une statue de lion qui peut être vue, touchée, etc. Il n'y a rien mais quelque chose apparaît, qui est ceci et non cela, un lion et non une gazelle.

4. Or la réalité, comme l'illusion, de même que leur commune négation, ce ne sont que des concepts vides, insubstantiels : rien.

S'il ne vaut pas la peine de démontrer que ce « rien » est débile, sa vérité rejaillit dès lors que les trois propositions précédentes « délivrent leur part de vérité » : l'union des quatre membres du tétralemme en constitue alors la « cinquième jambe », et celle-ci revient à la grande perfection du réel qui, par-delà tous les points de vue, intègre tous les points de vue, lesquels ne peuvent être vrais qu'ensemble. Voilà ce que Shântarâkshita qui convertit le Tibet appelle « union des apparences et de la vacuité [1] ».

Si bien que nous pouvons définir le « dépassement de tous les tétralemmes » comme l'intégration non contradictoire de toutes leurs parties. Et c'est à cet art de l'intégration que Fazang nous convie dans son explication des mystères essentiels tant de l'*Entrée à Lankâ* que des *Ornements Fleuris*. Dans sa terminologie, les deux dernières phases de ce qui entre ses mains devient une dialectique en cinq degrés censée rejoindre le réel de toutes choses portent invariablement les noms de « disparition » et de « perfection [2] ». La disparition correspond à la double négation et la perfection valide les quatre extrêmes dans leur absolue centralité.

---

1. « Union » qui fait l'objet du *Speech of Delight* du Tibétain Mipham, commentaire détaillé de *L'Ornement de la Voie médiane* de Shântarâkshita.
2. Respectivement *mǐn* 泯 et *yuán* 圓 。

Il est essentiel à ce point de noter que l'impasse du tétralemme a été détournée (foi du Huayan !) en tremplin de retour au tout dans toutes ses parties : le jugement total exhaussant les jugements partiels jusqu'au niveau de leur plus belle impartialité. Et c'est d'ailleurs ainsi que Fazang aborde les enseignements dont nous avons évoqué les cinq niveaux :

1. Petit Véhicule : réalistes naïfs : être

2. Enseignement initiaux du Grand Véhicule : vacuistes naïfs : non-être

3. Enseignements finaux du Grand Véhicule : antivacuistes naïfs : être et non-être

4. Subitisme : vacuistes antivacuistes naïfs : ni être ni non-être

5. Perfection : tout ce qui précède *moins* la naïveté [1].

Car il faut être supérieurement *bon* pour reconnaître le côté parfait de toute chose ou idée, et surtout le côté parfait des êtres sensibles qui, à bon ou à mauvais escient, croient et s'attachent aux thèses les plus contradictoires. Cette bonté n'est pas sans évoquer la souriante sérénité de celui ou celle qui console les enfants dont les jeux font si souvent des perdants en leur expliquant qu'il n'y a là rien de grave et que le réel aussi est un jeu où l'on ne peut que gagner.

Les tétralemmes ont une cinquième jambe pour nous entraîner vers et dans la dimension absolue, cette « description » du réel où, en termes ordinaires, la « grande production interdépendante » dépasse les paradoxes les plus « décoiffants » et les apories les plus insolubles que seul, à ma connaissance, le style du *Soûtra des Ornements Fleuris* exprime non sans puissance de persuasion, voire de démonstration, en inspirant l'extase, sinon la fascination [2]...

---

1. La « naïveté » perverse de ceux qui sont, comme dit le dictionnaire, « d'une crédulité, d'une confiance irraisonnée et quelque peu ridicule ».
2. Que le lecteur anglophone se précipite sur les trois volumes de la traduction de Thomas Cleary indiquée dans la Bibliographie !

Dans les enseignements parfaits du Huayan, dix portes ouvrent sur les mystères de la dimension absolue, dont nous avons vu plus haut qu'elle était unique et quadruple – pour la clarté de l'exposé. Nous allons ici décrire le quatrième aspect de cet état naturel qui à lui seul constitue ce que l'on appelle «production interdépendante des dix mystères de la dimension absolue [1]», cette «activité [2]» que Fazang n'exclut pas de la vacuité du principe absolu et que les tantriques appelleront claire lumière.

Ces dix portes peuvent se ramener à une seule dont les neuf autres sont pour ainsi dire d'illustres illustrations comme le filet d'Indra, l'identité de tous les phénomènes ou l'inclusion mutuelle de l'un et du multiple. Cette porte, la première, a reçu le nom chinois de *tóngshí jūzŭ xiàngyìng mén [3]*, littéralement «porte de la simultanéité, de l'inclusion et de la résonance parfaites [de toutes choses relatives]» – autrement dit chaque phénomène, simultané à tous les autres, les contient tous et résonne avec tous : n'est-ce pas bouleversant? Incroyable? Par trop psychédélique? Les adeptes du Huayan et tous les tantrikas sont-ils fous? Hallucinés? *Tristement* hallucinés? Car ces paroles sont à prendre littéralement; elles n'exigent pas d'être interprétées.

Les choses désignent donc tous les systêmes de processus qui ont lieu dans tous les temps et tous les espaces. Chacun de ces processus émerge dépendamment d'autres processus, et ce à l'infini, si bien que chaque processus est simultané à tous les autres, lesquels sont donc indispensables à son émergence; au même moment de cette apparence de simultanéité, chaque processus s'incorpore tous les autres dans la mesure où il résonne nécessairement avec chacun d'eux et le réfléchit parfaitement. Il n'est plus rien qui alors ne se prête à l'évidence de la perception directe.

---

1. *Fǎjiè shíxuán yuánqǐ* 法界十玄緣起。
2. *Yòng* 用。
3. 同時具足相應門。

La production interdépendante est la nature même de tous les processus de réalité, et il n'en est pas un seul qui échappe à ce mode de production. En conséquence, toutes choses peuvent être perçues en vertu de cette «grande production interdépendante» comme si elles obéissaient aux mêmes coordonnées spatio-temporelles, et l'on peut lire dans le premier chapitre des *Ornements Fleuris* que «Tous les accès au réel forment un océan infini mais se rencontrent sur le trône d'Éveil du seul et même réel.»

Voilà pour l'apparence générale de la dimension absolue en tant que les phénomènes, quoique parfaitement clairs et distincts, ne s'y font pas réciproquement obstacle.

Cette vision que rien ne peut arrêter, cette puissante force, ou désir, d'intégration, est l'axe que suit Fazang dans son explication du *Lankâ* : les dix points de son commentaire. La deuxième partie du neuvième point est le texte du soûtra lui-même et le dixième point évoque un commentaire littéral «à venir» : ce commentaire existe pour le *Soûtra des Ornements Fleuris* : il fait l'objet de l'*Enquête sur les mystères du Soûtra des Ornements Fleuris*, ouvrage en vingt rouleaux dont le premier correspond aux dix points des *Mystères du Lankâ* et les dix-neuf autres contiennent l'explication du *Huayanjing* de Buddhabhadra par Fazang.

Cela reste à faire avec le *Lankâ*. Le lecteur y procédera peut-être lui-même une fois qu'il aura pris connaissance de la suite paradoxale que voici et médité sur son insaisissable sens.

CATÉCHISME DE L'INCONCEVABLE

Dans le premier chapitre des *Mystères essentiels*, Fazang explique que le *Soûtra de l'Entrée à Lankâ* existe avant tout parce que l'Éveil, étant le réel, ne peut se taire et parle de lui-même ; parce que «devenir bouddha», c'est proclamer l'Éveil et montrer l'*accès illuminatif*[1] à la sagesse de l'Éveil. Mais ce soûtra existe aussi pour des raisons particulières qui peuvent se ramener à dix, comme toutes les bonnes choses de la tradition des *Ornements Fleuris* :

1. Tous les bouddhas du passé ont enseigné leur réalisation intérieure (*pratyâtmagati/veda*[2]), qui est l'objet même du *Lankâ*, et de même feront les bouddhas du futur, tandis que les bouddhas actuels, comme le bouddha Shâkyamuni et les maîtres éveillés, le font. Non qu'ils enseignent forcément le *Soûtra de l'Entrée à Lankâ* mais celui-ci contient toute la « vue » de ce qu'ils pratiquent et enseignent.

2. Ils l'enseignent non parce qu'ils le *veulent* au sens que nous donnons au mot « vouloir » comme acte personnel essentiellement fondé sur la distinction moi-autrui. Ayant réalisé l'irréalité du moi, les bouddhas se laissent porter par l'énergie, la puissance et l'élan de leurs vœux inconcevables, d'abord le vœu de l'esprit d'Éveil, puis les grands vœux dont la teneur s'immensifie de terre en terre[3].

3. De par la force de ces vœux, les être que ces vœux embrassent et qui par là s'avèrent sensibles aux enseignements du *Lankâ* se trouvent dans des situations où, forcément, ils en découvrent la teneur.

4. Entre autres vérités bonnes à répéter, il s'impose de proclamer la nécessité supérieure de la *non-violence*, contre laquelle s'érige, comme si cela allait de soi, le meurtre banalisé des animaux dont la chair nourrit la plupart des hommes : c'est ce que fait le *Soûtra de l'Entrée à Lankâ* dans son chapitre VIII, « Contre la nourriture carnée ».

5. En plus de la non-violence, le *Soûtra de l'Entrée à Lankâ* propose à ceux qui peuvent les entendre les vues philosophiques les plus « vraies » de par leur pouvoir de sagesse, de compassion et d'efficience.

---

1. *Wùrù* 悟入 。
2. *Zìzhèng* 自證, *nèizhèng* 內證 。
3. Voir à ce sujet le *Soûtra des Dix Terres*, ch. I, § 17 et 18, p. 42 à 47.

6. Le *Lankâ* se charge ensuite de détromper les mystiques engagés dans des voies incomplètes, vraies en partie seulement, donc toujours entachées d'erreur : ici l'égoïsme sans ego de celui qui œuvre à son seul salut – comme si la chose était possible.

7. Il est là pour montrer la voie qui dépasse le navrant constat de l'isosthénie des contraires [1], et

8. éliminer les confusions entre la vacuité et le néant, entre la nature de bouddha et le moi, l'âme ou le soi, ainsi qu'entre une réalité extérieure et l'esprit-seulement.

9. Le *Soûtra de l'Entrée à Lankâ* est un livre nécessaire ne serait-ce que parce qu'il explique que, dans son éternelle essence de félicité et de pureté, la nature de bouddha de tous les êtres est le réel et la source du réel.

10. En bref, ce soûtra existe pour le plus grand profit de tous.

Après cette ample introduction sur la nécessité du texte, Fazang consacre le deuxième chapitre du commentaire au genre littéraire du *Soûtra de l'Entrée à Lankâ* et se demande, en bon bouddhiste, à quelle «corbeille» il appartient. Le mot *corbeille* rend habituellement le sanskrit *pitaka* : l'imagerie bouddhiste indo-tibétaine montre les penseurs entourés de leurs livres rangés dans de grandes corbeilles à couvercle. Plus pratiques, les Chinois parlent de *zàng* [2], «bibliothèques».

La littérature bouddhiste peut se répartir en *soûtra* (concentration), *vinaya* (discipline) et *abhidharma* (sagesse). Si le *Lankâ* est essentiellement un soûtra au sens où il parle la langue mystique de chacun, il ne manque pas de suggestions en matière de discipline et regorge, littéralement, de constructions

---

1. «Le "bien" des uns vaut autant, ou aussi peu, que le "bien" des autres. Telle est l'*isosthénie* des contraires dans les choses mêmes – mais de l'égale valeur des contraires résulte l'égale force des discours à leur sujet.» M. Conche, *Pyrrhon...* (1994), p. 92 et 93.
2. 藏。

intellectuelles jouant des logiques coutumière et absolue de type scolastico-abhidharmique. On appréciera la plastique des décisions de Fazang et son goût pour la vue la plus élevée : la perfection de toutes choses dans leur expresse insaisissabilité.

Dans son troisième chapitre sur les différents niveaux d'enseignement, Fazang étage les possibilités spirituelles de l'homme en quatre niveaux [1] :
1. le réalisme,
2. le vacuisme,
3. le phénoménisme [2] et
4. le goût de l'Apparence réelle.

Pour présenter la vue de ces quatre plus ou moins grandes proximités du réel, il examine comment, à chacun de ces niveaux, on envisage six points essentiels de la pensée bouddhiste :
1. le nombre des *dharmas*, ou constituants fondamentaux du réel
2. l'esprit et les consciences,
3. la production interdépendante,
4. la conversion des adeptes du Petit Véhicule,
5. le nombre de véhicules, et
6. les détenteurs des enseignements.

Cette visite effectuée, il conclut : « La pensée du *Soûtra de Lankâ* est la même que celle de la quatrième école que nous venons de voir », autrement dit l'école de l'Apparence réelle et des enseignements parfaits du Huayan.

---

1. Ici, et ici seulement, Fazang néglige le quatrième membre du tétralemme dont la vérité ne vaut que pour les subitistes, ces êtres proprement exceptionnels, en passant directement de la synthèse à la perfection sans dissolution, ou « disparition », intermédiaire.
2. Ce mot « traduit » le chinois *fǎxiàng* 法相, littéralement « apparence ou caractéristiques des choses », nom que se sont choisis les « idéalistes » de l'école du grand traducteur Xuanzang.

Le quatrième chapitre des *Mystères essentiels* est consacré aux « mobiles » et aux « vases », autrement dit à ceux et celles pour qui le *Soûtra de l'Entrée à Lankâ* est utile, sinon indispensable. Faut-il être bouddhiste, « mystique », voire « métaphysiquement inquiet » pour lire des soûtras – des soûtras comme celui-ci ? Qui peut tirer quelque chose de cette succession d'attaques contre le bon sens, la raison, le sacro-saint de l'Être : qui peut réellement profiter de ces paradoxes prononcés avec autant d'insistance que de détachement ? On retiendra pour l'heure que sont indignes des enseignements du *Lankâ* les mystiques chevronnés qui « s'écartent du réel en ne parvenant pas à admettre que tout fusionne parfaitement sans contrariété ni obstacle [1] » ?

Le chapitre suivant, le cinquième, pose l'importante question de savoir comment l'Éveil, qui est le réel, devient *Dharma*, le réel en tant qu'enseignement. On est là dans l'essentiel du dire de l'indicible et non dans les eaux de la « littérature ordinaire » : merveille que l'idée d'inclusion réciproque de l'enseignant et de son auditoire ! Toutes les formes de communication de l'Éveil, le retour au réel, s'avèrent possibles.

Le chapitre VI pose ensuite les limites de ce dire en cherchant les « principes et les fins » de notre soûtra. Il commence forcément par l'absence de tout principe pour s'achever sur l'absence de toute fin en passant par les propositions les plus débridées : que les idées avancées par le *Lankâ* ne sont que des idées fausses, comme toutes les idées, mais des idées fausses qui chassent les idées fausses – n'est-ce pas là une des grandes beautés du bouddhisme ? Que la seule réalité valable, c'est la sphère de la réalisation mystico-métaphysique *à l'intérieur* de l'esprit de chacun ; ce que l'on saisira en « comprenant » qu'il n'y a qu'une seule « chose », l'esprit ; que cet esprit *s'ouvre* en deux niveaux de vérité : l'absolument vrai et le relativement

---

1. Cf. *inf.*, ch. IV, II, 1, 5, p. 58.

vrai ; que trois « inégalés » disposés en quatre ensembles d'enseignements et formant cinq couples d'opposés nous permettront de dépasser – de loin – tout ce qui peut être prouvé ou réfuté jusqu'à ce que le texte – un radeau pour la traversée – disparaisse dans l'inutilité, dans l'absence de principe d'où il a jailli, pour connaître sa plus belle fin.

Fazang poursuit au chapitre VII en expliquant le sens symbolique des mots qui composent le titre de l'ouvrage : « soûtra », « entrée » et « Lankâ ». Pas un instant il n'effleure l'aspect géographico-historique de cet enseignement. Ce serait grotesque après tout ce que nous venons de voir sur le « dire du réel ». L'authenticité profonde de ce texte relève de la « hiéro-histoire », pour citer Corbin une fois encore.

Au chapitre VIII, Fazang collecte quelques informations sur les trois traductions chinoises du *Lankâ*, puis, au chapitre IX, il nous propose un véritable traité en dix points, l'abrégé des enseignements originaux de ce texte :

1. Le long passage intitulé « Production interdépendante, vacuité et être » démontre que le vacuisme et l'idéalisme ne se réfutent pas mais se parfont au-delà de la dualité comme on peut le lire un peu partout dans le *Lankâ*, mais jamais aussi clairement qu'au chapitre IX du *Soûtra de la Liberté inconcevable* dont Fazang apprécie le subitisme.

2. Dans « Racines et ramifications des consciences », Fazang résout « par le haut » le problème de l'analyse de l'instant de conscience en une, deux, trois ou quatre « parts » : il accepte l'opinion de Sthiramati pour qui le sujet et l'objet en quoi se polarise tout acte de conscience ne sont que des façons de parler de la seule « part voyante » (*darshanabhâga*[1]) où est toute la claire lumière aperceptive de la réalisation intérieure.

____

1. *Jiànfèn* 見分。

3. Dans «Vérités et erreurs à propos de la substance de la conscience», il démontre avec le *Lankâ* que la conscience fondamentale est le nom «humain» de la nature de bouddha, laquelle dépasse la permanence et l'impermanence. Une fois de plus, le dernier mot reviendra au laïc Vimalakîrti qui, pour l'occasion, choisira un silence dont le tonnerre métaphysique gronde encore.

4. Dans «La conscience fondamentale et les semences», il montrera que pour le *Lankâ* les «semences» sont tout à la fois innées et acquises – innées par la forme et acquises par le contenu.

5. Dans l'«Omniprésence de la nature de bouddha», il démontrera que cette nature est l'essence de tous les êtres animés sans exception, suivant en cela non seulement le *Lankâ* mais aussi le *Soûtra du Grand Nirvâna Complet*, pour lesquels, même les *icchantikas*, ces maudits originels, atteindront ultimement l'insurpassable Éveil authentique et parfait.

6. La «Conversion des adeptes des deux véhicules inférieurs» lui permet ensuite de bien faire la distinction entre ceux qui connaissent seulement la vacuité du moi et ceux qui connaissent la vacuité de *tous* les éléments du réel.

7. Dans le remarquable passage consacré aux «Pratiques et niveaux en déploiement et en repli», il montre le caractère mixte du *Lankâ*, soûtra qui ne fait pas vraiment la distinction entre les enseignements subitistes et ceux de la grande perfection.

8. Ensuite, dans «Les voiles, non plus que leur antidote, ne peuvent rencontrer d'obstacle», il parviendra peut-être à nous montrer que «c'est ce qu'il y a d'erroné au sein du réel qui voile le réel et ce qu'il y a de réel au sein de l'erroné qui révèle le caractère erroné des voiles». Combien de temps nous faudra-t-il pour admettre que «croire à l'existence d'une erreur et qu'il est possible de l'émiminer, c'est une erreur et non de la sagesse»? Combien d'abnégation pour comprendre que «voir que l'erreur est vide par essence, c'est sagesse et non erreur, c'est voir la sagesse de l'erreur»?

9. Dans la «Liberté du rêche et du lisse», Fazang laisse entendre que «tout dépend de nous», et que, quelles que soient les apparences, le mieux, c'est de «rester dans l'état naturel», puisque le réel et ses approches, comme les textes le proclament ultimement tous, peuvent se ramener au dernier point de ce catéchisme inconcevable :

10. «Que le fruit de bouddhéité est toujours présent.»

Les mystères essentiels
de l'Entrée à Lankâ

Le *Soûtra de l'Entrée à Lankâ* peut s'expliquer en dix points :

1. Les raisons de l'émergence de cet enseignement
2. À quelle corbeille il appartient
3. Les différents niveaux d'enseignement
4. Les formes d'esprit sensibles à cet enseignement
5. Ce qui a le pouvoir d'exprimer la substance
   de l'enseignement
6. Le principe et la fin de ce qui est exprimé
7. Explication du titre du soûtra
8. Originaux sanskrits et traductions chinoises
9. Les différents enseignements du *Lankâ*
10. Explication littérale [1]

---

1. Si celle-ci a jamais eu lieu, je n'en ai point copie… Le texte de Fazang se limite aux neuf premiers points.

Chapitre premier

Les raisons de l'émergence de cet enseignement

I. Raison générale
II. Raisons particulières

I. Raison générale

La raison générale est cette « seule chose » dont le *Soûtra du Lotus* dit : « L'Ainsi-Venu a honoré le monde de sa présence en raison d'une seule grande chose : ouvrir et montrer l'accès illuminatif aux connaissances et aux vues des bouddhas [1] ».

Explication : L'intention première du Bouddha, c'est de transmettre à tous les êtres les acquis de son Éveil.

II. Raisons particulières

Les sublimes enseignements apparaissent pour certaines raisons, et ces raisons sont encore plus nombreuses que les atomes. Le *Traité de la Grande Connaissance Transcendante* dit :

---

1. Les « connaissances et les vues des bouddha 佛之知見 » font allusion d'une part à la conscience mentale (*manovijñâna*) et d'autre part à la conscience visuelle (*cakshurvijñâna*) en tant qu'images des [trois, quatre ou cinq] sagesses et des [cinq] yeux où se déploie la Connaissance transcendante, la sagesse même de ceux qui ont « atteint le Grand Éveil ». L'expression vient donc du *Lotus*, chapitre II, dit « Des expédients salvifiques » (*upâya*), p. 75 de la traduction française de J.-N. Robert : « C'est que les Éveillés Vénérés du monde n'apparaissent au monde qu'en raison d'une unique grande œuvre… C'est parce que les Éveillés Vénérés du monde veulent montrer aux êtres le savoir et la vision d'Éveillé qu'ils apparaissent au monde. »

«De même que le mont Mérou n'est pas dépourvu de causes et que ce n'est pas un petit nombre de causes qui pourront le faire trembler, de même émergent les enseignements de la Connaissance transcendante[1].» Ce qui apparaît en détail dans la littérature consacrée à cette dernière.

Nous expliquerons donc les raisons de l'émergence de ce soûtra en dix autres points :

1. Conformité à l'ancien
2. Accomplissement d'un vœu
3. En réponse à certaines formes d'esprit
4. Pour contrer le mal
5. Pour renverser les vues fausses
6. Pour anéantir les croyances
7. En réponse à certaines questions
8. Pour chasser les doutes
9. Pour dévoiler le réel
10. Pour le plus grand profit de tous

1. *Conformité à l'ancien*

Comme dans le soûtra qui dit [en essence] : «Au sommet de cette montagne, les bouddhas du passé ont enseigné les cinq catégories, les trois natures, les huit consciences et les deux vacuités, de même que leur réalisation intérieure[2]. Moi aussi, je ferai comme eux, et ainsi l'on saura que les bouddhas du futur prononceront les mêmes enseignements.» Ce qui revient

---

1. Je n'ai pas pu localiser cette citation du *Mahâprajñâpâramitâ-shâstra*, attribué à Nâgârjuna et traduit en chinois par Kumârajîva vers l'an 400, qui est un commentaire littéral et encyclopédique du *Soûtra de la Connaissance transcendante en 8 000 versets*. Le célèbre «mont Mérou» (*[Su]Meru*) est l'axe du monde, la colonne vertébrale, le canal central et la Dimension absolue. C'est à son immuable prestance qu'est comparée l'émergence de la sagesse : entrée immédiate dans la sphère non dualiste des êtres sublimes.
2. Les cinq catégories, etc. font l'objet d'une partie du *Lankâ*. Cf. *Entrée*, p. 33, n. 1, et VI, 2, p. 237 et suiv.

à dire que les [bouddhas des] trois temps empruntent la même grand-route royale[1].

2. *Pour accomplir un vœu*

Dans le passé, le Bouddha s'étant fait expliquer par un bouddha plus ancien l'enseignement de la réalisation intérieure, il forma le vœu [de l'enseigner quand il serait bouddha lui-même]. Or à présent qu'il a atteint la bouddhéité, il accomplit son vœu originel en enseignant cette méthode, comme on peut le lire [en essence] dans le soûtra : «Le Bouddha dit à Mahâmati : "L'Ainsi-Venu te donnera ces enseignements de par la force de son vœu originel[2]".»

3. *En réponse à certaines formes d'esprit*

Les bodhisattvas, les râkshasas et les yakshas de cette cité sont mûrs par les facultés et prêts à entendre [ces enseignements]. Ils sont par-dessus tout sensibles aux enseignements que l'Ainsi-Venu leur donnera par résonance avec leurs formes d'esprit, ainsi qu'on peut le lire au premier chapitre du soûtra, «La Requête de Râvana[3]».

4. *Pour contrer le mal*

Pour briser la méchanceté empoisonnée des [monstres] râkshasas ; pour en finir avec la consommation de viande au prix du meurtre – le chapitre VIII est consacré à ce sujet[4].

---

1. 此則如大王路三時同遊也 。
2. À partir de la huitième terre, la force des grands vœux remplace ce que nous appelons la volonté. Voir le premier chapitre du *Soûtra des Dix Terres* à ce sujet.
3. Le paradoxe tient ici à la présence de l'esprit d'Éveil, qui est bienveillance et compassion, dans le cœur de certains êtres d'apparence monstrueuse qui semblent appartenir à l'espèce des bodhisattvas sublimes. Si le *Râmâyâna* s'approche de sa fin avec la mort de Râvana, le *Soûtra de Lankâ* en version longue commence par l'accès du même démon à la huitième terre des bodhisattvas : l'accès à l'amour parfait de l'au-delà de l'esprit.
4. Cf. *Entrée*, «Contre la nourriture carnée», p. 93 et suiv.

5. *Pour renverser les vues fausses*

Pour réfuter les [adeptes des] Quatre Écoles [bouddhistes [1]] et [toutes] les voies non bouddhistes, afin que leurs croyances erronées cessent à jamais et qu'ils retournent à la vue juste. Ce qui sera expliqué en détail par la suite.

6. *Pour anéantir les croyances*

[Ce soûtra s'emploie à] réfuter les croyances et les vues des deux véhicules [inférieurs], jusqu'à ce que les adeptes qui appartiennent indubitablement à la famille de réalisation des deux véhicules inférieurs s'orientent à leur tour vers l'Éveil suprême. Ce qui sera entièrement expliqué par la suite [2].

7. *En réponse à certaines questions*

En réponse aux «cent huit questions [3]» de Mahâmati, ainsi qu'à d'autres questions de circonstance, comme on peut le lire en toutes lettres [dans le soûtra [4]].

---

1. 四宗 ∘ Cf. *inf.*, ch. III. La quatrième école, dite de l'«Apparence réelle», doit ici être prise au sens de «subitisme», et non d' «enseignement complet» – d'où la nécessité de la réfuter aussi. Il n'y a pas plus d'élitisme que de démagogie dans le dire du réel.

2. En attendant les explications de Fazang (ci-après, p. 56-57 et 118), on pourra relire ce qu'en dit le *Lankâ, Entrée*, p. 93 et suiv.

3. Cent huit est un vénérable chiffre, celui des grains du chapelet, par exemple, mais en fait *cent* signifie avant tout «une riche variété de…» Les amateurs de précision pensent que $1 + 0 + 8 = 9$, autrement dit les neuf têtes de chapitre du *Samyuktâgama* 雜阿含, traduction chinoise du *Samyuttanikâya* par Gunabhadra : 1) les quatre nobles vérités, 2) les auxiliaires de l'Éveil, 3) la production interdépendante, 4) les «éléments» (*dhâtu*), 5) les agrégats, 6) les êtres, 7) les aliments, 8) les lieux et 9) l'enseignant.

4. L'essentiel des «cent huit questions» demeure le traitement *prajñique* que le Bouddha leur impose : à Mahâmati qui lui demande, par exemple, «pour quelle raison ces choses naissent-elles?» (*Entrée*, p. 55), le Bouddha commence par répondre qu'il va l'instruire sur «la naissance et le néant de la naissance» (p. 62), puis il lui rappelle que «toute proposition sur la naissance n'est pas une proposition sur la naissance» (p. 67). En aucun cas la pensée de la nature de bouddha et de l'Esprit-Seulement selon le *Lankâ* ne se distingue de la pensée vacuiste.

8. *Pour chasser les doutes*

Incapables d'avoir une intuition décisive à propos de tout ce qu'ils entendent des enseignements profonds du Grand Véhicule, les bodhisattvas débutants, et eux seulement, sont victimes de trois types de confusion : ils confondent la vacuité ultime [1] et l'absence de toute causalité ; ils confondent la nature de bouddha, qui est porteuse de toutes les qualités, avec l'âme ou le soi des voies non bouddhistes ; ils croient que le champ d'expérience de l'esprit et des facteurs mentaux ne relève pas de la conscience seulement.

Nous expliquerons que la vacuité réelle ne nie pas l'être illusoire, que la substance comprenant essence et qualités ne s'oppose pas à la vacuité réelle, et que les objets, [toujours] fallacieux, sont des perceptions au sein de l'esprit [2] : ce qui permet de réfuter ce genre de confusion et leurs multiples variantes.

9. *Pour dévoiler le réel*

On montrera ci-dessous les réalités fondamentales du Grand Véhicule selon le système des cinq catégories, des trois natures, des huit consciences et des deux vacuités, qui toutes jaillissent de la nature de bouddha, l'esprit de chaque individu [3], pour que ceux qui étudient le Grand Véhicule connaissent la vue juste et se tiennent dans la juste foi à partir desquelles la pratique, qui sera juste, les mènera à l'accomplissement [4].

---

1. Si les bodhisattvas connaissent la *vacuité essentielle* 性空 de toutes choses, seuls les bouddhas en connaissent la *vacuité ultime* 畢竟空。En admettant que le nirvâna inconditionné désigne la vacuité du samsâra, la vacuité ultime sera celle du nirvâna inconditionné.
2. 從心現。Des événements qui n'ont d'autre origine ni d'autre séjour que l'esprit.
3. Que la nature de bouddha soit l'esprit de chaque individu semble évident à la lecture de l'*Entrée*, p. 235 : «Mahâmati, si cette nature de bouddha sous son nom de conscience fondamentale (= esprit individuel) n'existait pas, il n'y aurait rien qui naisse ou qui cesse.»
4. Il faut «voir la vérité», avoir une confiance inébranlable dans le caractère sublime de cette vision, puis la «cultiver» jusqu'à l'accomplissement ultime.

10. *Pour le plus grand profit de tous*

En permettant aux bodhisattvas d'écarter les obstacles et d'atteindre le fruit à partir de la juste foi jusqu'à la juste réalisation – pour qu'ils puissent, assis sur la précieuse fleur de lotus, accomplir l'Éveil le plus authentique [1].

Voilà, ramenées à dix points, les raisons de l'émergence des enseignements du *Soûtra de l'Entrée à Lankâ*.

---

1. L'accomplissement de l'«Éveil le plus authentique» est abondamment évoqué dans le *Lankâ* et copieusement décrit au chapitre de la dixième terre du *Soûtra des Dix Terres* : «... apparaît soudain une immense fleur de lotus en joyaux d'une taille d'un million de trichiliocosmes...» *Soûtra des Dix Terres*, p. 209 et suiv.

Chapitre II

À quelle corbeille appartient le Soûtra de l'Entrée à Lankâ ?

Quand un enseignement émerge, il est bon de savoir à quelle corbeille il appartient.

On répondra à cette question en se référant à trois systèmes de classification :
I. Les trois corbeilles
II. Les deux corbeilles
III. Les douze genres littéraires du canon bouddhiste

I. *Les trois corbeilles :*

1. Les *soûtras*, qui sont des « pactes » parce qu'ils accordent les différentes formes d'esprit sur la vérité absolue, forment la corbeille des pactes, ainsi nommée pour son action.

2. Le *vinaya*, qui signifie « discipline », enseigne le contrôle et la guérison des trois activités [1], ainsi que la soumission des actes mauvais. Il forme la corbeille de la discipline, ainsi nommée en fonction de sa [cause] dominante [2].

3. L'*abhidharma*, qui « envisage le réel [3] », désigne la sagesse qui décide de la raison merveilleuse [de l'objet] qu'elle envi-

---

1. Les activités du corps, de la parole et de l'esprit.
2. Cf. *Entrée*, p. 111, n. 1.
3. 對法。

sage en une claire intuition [1]. La corbeille de l'envisagement du réel est ainsi nommée en fonction de sa [cause] dominante.

À laquelle de ces trois corbeilles notre texte appartient-il ? Exactement et uniquement à la corbeille des Soûtras, puisque d'après le *[Soûtra du] Nirvâna* les textes qui commencent par «Ainsi [ai-je entendu]» et se terminent par «pour les recevoir et les pratiquer» appartiennent à la corbeille des Soûtras [2].

Certains le placent aussi dans la corbeille de l'envisagement du réel, car on peut lire dans le *Traité des Terres de la pratique mystique* que le Vénéré des mondes a lui-même enseigné différents cycles d'examen approfondi des caractéristiques des choses permettant d'en avoir une intuition claire en tant que *mâtrikâs*. Celles-ci sont des «matrices», un autre nom, en fait, de l'*envisagement* des choses [3]. Puisque le présent soûtra examine les choses sous forme de dialogue, on admettra qu'il relève aussi de l'*Abhidharma*.

Enfin, sous l'aspect de la discipline qui interdit, par exemple, les boissons alcoolisées, il faut savoir qu'il appartient également à la corbeille de la discipline [4].

---

1. 簡擇妙理明了對智。Ou encore : la sagesse qui détermine le principe d'émerveillement de cet objet. Car il revient à la sagesse de la Connaissance transcendante de «déterminer» 簡擇 ce principe au sein de toutes choses.

2. Cf. T 375, vol. 12, p. 693b. Toutes les versions du *Lankâ* commencent bien par la formule «Ainsi ai-je entendu» mais aucune ne s'achève sur la formule mentionnée par Fazang, telle qu'elle apparaît dans le *Vimalakîrti*, par exemple : «... ayant reçu avec foi [ces enseignements], ils les pratiqueraient dans la vénération» (p. 193) ; ou dans le *Lotus* : «Ils [les auditeurs, les dieux, etc.] acceptèrent et gardèrent la parole de l'Éveillé, saluèrent et partirent» (trad. J.-N. Robert, p. 392).

3. Asanga, *Yogâcârabhûmi-shâstra*, 瑜伽師地論, T 1579, vol. 30, p. 753b. Ces matrices sont avant tout des «mesures» puisque, souvent, «connaître, c'est mesurer» ; toujours en quête de «la formule», l'*Abhidharma* est une scolastique mêlant l'intuition pure du réel et les enchaînements de la logique (*vaibhâshikâ*) la plus vulgaire. Cf. *Soûtra du Dévoilement du sens profond (Sandhinirmocana)*, p. 142-149, où le Bouddha expose à Mañjushrî les différentes rubriques de l'envisagement du réel.

4. L'ivresse, mais surtout la consommation de viande, sont sévèrement critiquées au chapitre VIII de l'*Entrée à Lankâ*.

II. *Les deux corbeilles*

Voyons à présent comment situer le *Soûtra de Lankâ* par rapport aux « deux corbeilles », puisque celles-ci désignent les corbeilles du Petit et du Grand Véhicules auxquelles peuvent se ramener les trois précédentes corbeilles.

On peut lire dans la *Somme du Grand Véhicule* que « selon la différence de hauteur des véhicules, on a instauré la corbeille des bodhisattvas et la corbeille des Auditeurs [1] ».

D'entre les bouddhas-par-soi, ceux qui se réfèrent à des enseignements font eux aussi provision de ce qu'ils « entendent [2] » pour s'éveiller à la Voie, et leur littérature est incluse dans la corbeille des Auditeurs.

Les bouddhas-par-soi qui ne se réfèrent à aucun enseignement atteignent le fruit du seul fait de leur pratique de la réflexion et de la méditation sans recourir à aucune corbeille particulière [3].

La *Somme du Grand Véhicule* ne mentionne donc pas de corbeille des bouddhas-par-soi pour cette autre raison encore que sous l'angle de la vérité qu'ils réalisent et du fruit qu'ils atteignent, ils ne diffèrent pas des Auditeurs, si bien que deux corbeilles suffisent.

Mais aussi, comme leur doctrine et leurs pratiques sont légèrement différentes des mêmes chez les Auditeurs, ils possèdent une corbeille bien à eux, ainsi qu'on peut le voir dans le *Soûtra de l'Universelle Transcendance de Mañjushrî* et le *Traité de l'Entrée dans le Grand Véhicule* qui attribuent une corbeille à chacun des trois véhicules [4].

---

1. 攝論章卷第一, T 2808, vol. 85, p. 1033c.
2. « Entendre » signifie entrer en contact avec un enseignement libérateur, un accès direct ou indirect au réel bouddhique.
3. Cf. Nâgârjuna, *Stances de la Voie médiane*, XVIII, 12 : « Même en l'absence de parfaits bouddhas, et quand les auditeurs ne sont plus, la sagesse des bouddhas par soi apparaît sans que nul ne l'enseigne. »
4. *Puzhao sanmei jing* 普超三昧經, T 627, vol. 15 et *Ru Dasheng lun* 入大乘

Le texte qui nous occupe appartient exclusivement à la corbeille des bodhisattvas, mais on verra par la suite qu'il contient également tous les enseignements du Petit Véhicule. Il faut le savoir [1].

III. *Les douze genres littéraires du Canon*

Enfin, par rapport aux douze genres littéraires du Canon, s'il faut rattacher notre soûtra à une seule catégorie, comme il appartient au Yogâcâra, il fera partie des seuls Vaipulya, les textes vastes et détaillés qui appartiennent à la corbeille des bodhisattvas, puisque les onze autres catégories appartiennent aux enseignements des Auditeurs [2].

Mais ce texte peut encore appartenir à trois de ces douze catégories, à savoir les textes vastes et détaillés, les événements extraordinaires et les prédictions, les neuf autres catégories relevant du Petit Véhicule, ainsi que l'exprime le *Soûtra du Lotus*.

Certains le rangent dans neuf catégories, à savoir les douze diminuées des traités, des introductions et des apologues, puisque les neuf catégories restantes appartiennent au Grand

---

論, traité de Sthiramati traduit en chinois par Daoqin des Liang septentrionaux, T 1634, vol. 32.

1. Il n'y a aucun mépris dans l'appellation de «Petit Véhicule»; comme il n'y a aucun orgueil dans l'expression «Grand Véhicule». Les enseignements du Petit Véhicule sont en quelque sorte des enseignements fondamentaux que le Grand Véhicule ne fait qu'approfondir et amplifier. Le passage de la réalisation de l'inexistence du soi individuel (moi) à celle de l'inexistence du «soi» – ou essence – de toutes choses est un exemple assez pertinent de cet «agrandissement» des expédients salvifiques. Cf. Dalaï Lama, *Pacifier l'esprit*, p. 25. Dans *L'Ornement des soûtras*, Asanga écrit : «De par la grandeur de son but, de ses deux pratiques, de sa sagesse, de son courage, de son habileté en moyens, de son accomplissement authentique et des activités des bouddhas, de par ces sept grandeurs on l'appelle Grand Véhicule.» Cité dans *Perles d'ambroisie*, vol. II, p. 104.

2. Il s'agit plus de genres littéraires que de parties du Canon, à proprement parler, voire de «catégories d'écriture» – dont on trouvera une liste dans le *Soûtra de l'Éveil parfait…*, p. 169. Fazang range ici le *Lankâ* parmi les textes de référence de l'école Yogâcâra dont la pensée n'apparaît que dans les «écrits développés» (*vaipulya*), pour ne pas dire «vastes et détaillés», comme le *Soûtra du Nirvâna* et le *Soûtra des Ornements Fleuris*.

Véhicule, ainsi que l'explique la troisième section du *Soûtra du Nirvâna* [1].

D'autres le font appartenir à l'ensemble des douze genres du Canon simplement parce que le Grand Véhicule lui-même les occupe tous [2].

D'autres encore ne l'incluent dans aucun de ces douze genres pour la raison que ceux-ci correspondent en fait au Petit Véhicule, ainsi que le *Soûtra du Lotus* le déclare [en essence] : « S'il n'est pas difficile de recevoir et de détenir les douze catégories du Canon, avoir foi dans ce soûtra [le *Lotus*] et le recevoir, voilà la vraie difficulté. »

Pour d'autres enfin, le Grand Véhicule n'entre dans aucune des trois corbeilles ni dans aucun des douze genres littéraires du Canon puisque l'absolu de sa vérité dépasse le langage, ainsi que le *Lankâ* le précise :

« Le langage convient aux pratiques particulières comme la générosité ;
Le réel passe les mots [3]. »

Et encore :

« Une nuit, j'ai atteint le parfait Éveil,
Une nuit je suis passé en nirvâna complet,
Mais entre ces deux nuits
Je n'ai absolument rien enseigné [4]. »

Ce qui range cet enseignement dans la catégorie de la parole dégagée de la parole, autrement dit dans aucune catégorie [5].

---

1. T 375, vol. 12, roul. 3, p. 623b.
2. Au sens où le Grand Véhicule recourt à toutes les stratégies – littéraires aussi.
3. 言說別施行，真實離文字。Traduction de Gunabhadra, T 670, vol. 16, p. 884c28.
4. *Entrée*, III, 5, p. 164.
5. 以言即無言攝。 無所攝故。

Chapitre III

Les différents niveaux d'enseignement

Depuis que les enseignements du Bouddha se sont répandus en Orient, les moines vertueux de nos régions ont créé des écoles en répartissant les textes selon des distinctions si abondantes et subtiles qu'il est difficile de toutes les expliquer.

[Si l'on tient compte] des distinctions déjà établies par les maîtres d'Occident, nous nous référerons aux *Annales du Huayan* qui expliquent que l'on peut ramener à cinq, voire à quatre, les principes [philosophiques] essentiels de tous les textes, ainsi que toute la variété des enseignements qu'ils véhiculent[1].

Nous retiendrons ici l'exposé en quatre systèmes de pensée, à savoir :

  I. Le réalisme
  II. Le vacuisme
  III. Le phénoménisme
  IV. L'Apparence réelle[2]

---

1. Je n'ai pas pu consulter les «Annales du Huayan», le *Huayanji* 華嚴記 proprement dit, dont je sais seulement que, comme tous les grands traités Huayan, il doit se régler sur ce qu'on appelle les «Cinq [niveaux d']enseignement[s] et les Dix Écoles de pensée».
2. On dirait les trois premiers membres d'un tétralemme sur le réel et l'irréel des choses suivis par la vision tout-intégrante et parfaite que le Bouddha présente dans les premiers chapitres du *Soûtra du Lotus* et l'ensemble du *Soûtra des Orne-*

Nous ramènerons chacune de ces approches à six points :

1. Le nombre de *dharmas* envisagés
2. L'esprit et les consciences
3. La production interdépendante
4. La conversion des adeptes du Petit Véhicule
5. Le nombre de véhicules
6. Les détenteurs des enseignements

1. *Le nombre de* dharmas *envisagés*

1. Pour la première école [des « réalistes »], il y a 75 *dharmas*[1] qui, conditionnés ou inconditionnés, sont tenus pour réels. C'est ce qu'enseigne le « Petit Véhicule ».

2. La deuxième école [vacuiste] réfute entièrement la précédente approche de la réalité. La déconstruction des choses les rend à leur vacuité : rien n'a d'essence[2]. L'apparence et le concept de vérité absolue en tant que double vacuité disparaissent aussi[3], comme l'enseignent les textes de la Connaissance transcendante et les traités de la Voie médiane[4].

---

ments Fleuris. L'*Apparence réelle* 實相 (ssk. *bhûtalakshana*) est l'un des noms que le *Lotus* donne à l'absolu du réel qui présente l'avantage d'intégrer, ou de ne pas rejeter, toutes les apparences – dont aucune description ne sera jamais exhaustive ni, forcément, exacte.

1. Les *dharmas* sont ici des éléments du réel, des *processus* de réalité respectant chacun ses caractéristiques essentielles. Il ne faut surtout pas confondre les *dharmas* avec des particules de matière comme les atomes ou d'esprit comme les instants de conscience. Les adeptes du Petit Véhicule se rangent aux 75 *dharmas* du *Trésor de la Scolastique* (*Abhidharmakosha* de Vasubandhu) : 11 *dharmas* matériels, 47 *dharmas* psychiques, à commencer par la conscience (*citta*), 14 *dharmas* ni matériels ni psychiques (*viprayukta*) et, enfin, 3 inconditionnés.

2. 蕩盡歸空，性無所有。 Ce que l'on pourra apprécier en lisant, par exemple, les *Stances du Milieu par excellence* de Nâgârjuna. Voir Bibliographie.

3. 二空真理相想俱絕…

4. Le *Soûtra du Diamant*, par exemple, et *Comprendre la vacuité*. Voir Bibliographie.

3. La troisième école, purement phénoméniste, admet cent processus de réalité [1], dotés de trois natures et de trois manques de nature [2], conditionnés, inconditionnés, matière et pensée, qui tous se ramènent à des constructions de l'esprit et des consciences, ainsi que l'expliquent des soûtras comme le *Dévoilement du sens profond* et des traités comme les *Terres de la pratique mystique* [3].

4. La quatrième école, de l'Apparence réelle, combine les instances précédemment décrites, qui toutes se produisent en interdépendances sur la base de la nature de bouddha et apparaissent ou sont perçues en donnant une impression de réalité [4], ainsi que de l'or on fait des parures [où l'or est exalté]. Ce qu'expliquent des soûtras comme l'*Entrée à Lankâ* ou la *Structure dense* et des traités comme la *Naissance de la foi dans le Grand Véhicule* et le *Continuum insurpassable* [5].

---

1. Dont on trouvera la description exhaustive dans le *Compendium* d'Asanga (*Abhidharmasamuccaya*). Les phénoménistes classent les *dharmas* en 8 consciences, 51 facteurs mentaux (dont on pourra prendre connaissance dans le *Dévoilement*, p. 98 n.), 11 *dharmas* matériels, 24 *dharmas* ni matériels ni psychiques et, enfin, 6 inconditionnés.
2. Les trois natures (ou réalités) sont décrites dans le *Lankâ, Entrée*, p. 97 et suiv., 237 et suiv., de même que dans le *Dévoilement* où elles font l'objet du sixième chapitre. L'absence ou plutôt le manque de nature propre («inessentialité») est expliquée sous ses trois aspects dans le chapitre suivant du même soûtra (p. 67 et suiv.) : aux réalités imaginaires revient l'inessentialité des caractéristiques, aux réalités dépendantes l'inessentialité de la naissance et aux réalités absolues l'inessentialité de l'ultime.
3. L'esprit désigne la conscience fondamentale et les consciences les sept consciences dérivées (ou modales) telles que l'*Entrée* les décrit à l'envi. Je ne sache pas que le *Dévoilement* déclare explicitement que «tout est esprit», ce qui n'est pas le cas du *Traité des Terres de la pratique mystique* d'Asanga. Je me permets de traduire «pratique mystique» le sanskrit *yogâcâra*. Xuanzang traduit «*maître* de la pratique mystique», ce qui suppose un original sanskrit du genre *yogâcârya*.
4. 依如來藏緣起稱實顯現。
5. Pour Fazang, l'*Apparence réelle* n'est autre que la nature de bouddha dégagée de ses souillures adventices. Le *Soûtra de la Structure dense* (*Ghanavyûha* 密嚴經, cf. Bibliographie) est un autre «succédané» de l'*Avatamsaka*, de tendance tantrique, qu'il ne faut pas confondre avec le *Gandavyûha*, ou «Entrée dans la Dimension absolue» 入法界品, qui désigne le dernier chapitre de l'immense *Soûtra des Ornements Fleuris. Le Traité de la Naissance de la foi dans le Grand Véhicule* 起

2. *L'esprit et les consciences*

1. La première école n'admet que six consciences [1].

2. L'école du Sans-Caractéristiques [2] explique que les six consciences sont vides et qu'il n'est pas d'autre [conscience] à établir.

3. Les phénoménistes prônent un système de huit consciences qui cependant naissent et cessent au contraire de leur véritable nature [3].

4. L'école de l'Apparence réelle explique que les huit consciences existent du seul fait de la nature de bouddha : elles naissent et cessent sans que naissance ou cessation ne les affectent car leur essence et leurs caractéristiques se compénètrent intégralement et fusionnent sans la moindre résistance [4], chacune de ces choses étant expliquée dans les soûtras et les traités de notre école [du Huayan].

信論 est un traité à la gloire de l'*esprit un* 一心, que l'on trouve dans la « pensée une » de l'extase où l'on accède au réel. « Continuum insurpassable » essaie de rendre le sanskrit *Uttaratantra*, l'un des titres du traité le plus célèbre consacré au « non-vide » des qualités éveillées, que les Chinois appellent plus volontiers *Traité de la Précieuse Nature* 寶性論 en confondant sciemment *xìng* 姓 et *xìng* 性, l'un signifiant « famille de réalisation » (*gotra*) et l'autre « essence » ou « nature » (*prakriti*). Cf. Bibliographie.

1. Les cinq consciences sensorielles qui ont pour objet les objets des cinq facultés sensorielles, et la conscience mentale qui a pour objet les perceptions des cinq consciences sensorielles et les *pensées* que le mental peut en tirer.

2. Ou de la Voie médiane, ou de la vacuité – l'école vacuiste.

3. D'aucuns voient ici une différence entre les écoles Faxiang et Huayan : pour la première, comme les consciences dérivées, la conscience fondamentale est instantanée ; pour la seconde, et pour le *Lankâ*, la conscience fondamentale est instantanée ou impermanente sous l'aspect samsârique de la nature de bouddha qui la fonde, et « permanente » une fois renversée en sagesse – l'aspect « nirvâna » de la nature de bouddha, ce fondement absolu qui transcende le bien et le mal.

4. 性相交徹, 鎔融無礙。L'harmonie et la compénétration parfaites des consciences, comme de toutes choses relatives et absolues, fait l'objet de la « production interdépendante de la Dimension absolue » 法界緣起.

3. *La production interdépendante*

1. La première école enseigne que les choses existent réellement.

2. La deuxième enseigne qu'elles sont vides.

3. La troisième qu'elles existent tout en étant vides, autrement dit que leurs caractères purement imaginaires sont vides et qu'elles existent en interdépendances [1].

4. Pour la quatrième école, les choses ne sont ni vides ni existantes : dépourvues de toutes caractéristiques, elles ne relèvent pas de l'être, mais leur essence ne s'opposant à aucune condition [2], elles ne sont pas vides. Le principe et les faits se dissolvent intégralement dans l'apaisement des extrêmes ; rien ne contrariant leur saveur unique, les deux vérités s'y confondent [3].

4. *La conversion des adeptes du Petit Véhicule*

1. Pour la première école, aucun de ceux qui pratiquent les deux véhicules inférieurs n'atteint la bouddhéité parfaite.

2. Pour la deuxième école, ceux qui appartiennent indubitablement à la famille [de réalisation] des deux véhicules inférieurs n'atteignent pas la bouddhéité parfaite. Dans la famille indéterminée, ceux qui ont vu la vérité [4] ne peuvent plus « se

---

1. Les phénoménistes aiment à dire que les réalités imaginaires existent dans l'émotion mais pas dans la raison 情有理無, alors que, au contraire, les réalités dépendantes et absolues existent dans la raison mais pas dans l'émotion 情無理有. Cf. *Commentaire du Yogashâstra* 瑜伽師地論釋 par Jinaputra, T 1580, vol. 30, p. 883b.
2. Ou « cause secondaire » (緣 *pratyaya*).
3. Nous sommes en plein dans la pensée Huayan de la Dimension absolue sous son aspect de fusion parfaite du relatif et de l'absolu 理事無礙法界。
4. Les « indéterminés » qui voient la vérité selon le Petit Véhicule manquent la connaissance parfaite de la vacuité : il leur faudra atteindre l'état d'arhat pour renaître, après un grand nombre de kalpas, dans une terre pure et emprunter la voie du Grand Véhicule qui seule mène à l'insurpassable Éveil authentique et parfait. Cf. *Entrée*, II, 20 et 21, p. 93 et suiv.

convertir» [au Grand Véhicule]. Il faut pour cela s'être engagé auparavant dans la voie des bodhisattvas.

3. Pour la troisième école, la conversion est impossible à ceux qui appartiennent indubitablement au Petit Véhicule ; mais ceux qui appartiennent à une famille indéterminée peuvent d'abord aller jusqu'à l'état d'arhat puis, là, opérer la conversion qui leur permettra d'accéder au Grand Véhicule.

4. Pour la quatrième école, qu'ils appartiennent à une famille déterminée ou non, tous les adeptes du Petit Véhicule passent par cette conversion, à cette nuance près que les déterminés doivent accéder au nivâna pour ensuite se convertir, et que les indéterminés peuvent se convertir immédiatement.

5. *Le nombre de véhicules*

1. La première école admet trois véhicules et non un.

2 et 3. Les deux suivantes en admettent aussi bien un que trois, l'un étant ésotérique et les trois autres exotériques.

4. La quatrième école n'admet qu'un seul véhicule, et non trois, car elle soutient qu'il n'y a qu'un seul véhicule qui puisse aller jusqu'au terme de la bouddhéité la plus parfaite [1].

---

1. Les trois véhicules des Réalistes sont le véhicule des Auditeurs, celui des bouddhas-par-soi et celui des Parfaits Bouddhas. Ce sont les véhicules «exotériques» des Vacuistes et des Phénoménistes dont le véhicule «unique» vient du «chapitre des Expédients» du *Soûtra du Lotus* : «Çâriputra, l'Ainsi-Venu ne prêche la Loi aux êtres qu'à l'aide de l'unique véhicule d'Éveillé, il n'y a pas d'autres véhicules, ni deux ni trois… Çâriputra, dans les mondes des dix orients ne se trouvent pas mêmes deux véhicules, comment en trouverait-on à plus forte raison trois ?» Trad. J.-N. Robert, p. 76. Le *Dévoilement* donne une explication du Véhicule Unique du point de vue des trois natures : «Les caractéristiques sont dépourvues d'essence, la production est dépourvue d'essence, la vacuité absolue est dépourvue d'essence : voilà ce que j'ai expliqué… C'est l'unique voie de la pureté, la seule purification parfaite : il n'en est pas d'autre. Je l'ai donc dénommée *véhicule unique*, même s'il existe une grande variété de lignées spirituelles chez les êtres.» Ch. VII, trad. Phil. Cornu, p. 77-78.

6. *Les détenteurs des enseignements*

1. Dharmatrâta et les autres «penseurs» [vaibhâshikas] sont les détenteurs de la première école ;
2. Nâgârjuna et Âryadeva les détenteurs de la deuxième ;
3. Asanga et Vasubandhu les détenteurs de la troisième ;
4. Ashvaghosha et Sthiramati les détenteurs de la quatrième [1].

Il y a bien d'autres écoles de pensée et d'autres thèmes dont on trouvera le détail dans les *Annales du Huayan*. La pensée du *Soûtra de Lankâ* est la même que celle de la quatrième école que nous venons de voir. Ce que l'on pourra constater en y réfléchissant bien [2].

---

1. Dharmatrâta est un grand penseur *vaibhâshika* souvent cité – et mis à mal – par Vasubandhu dans son commentaire courant (*vyâkhyâ*) du *Trésor de la Scolastique (Abhidharmakosha)*. Si Nâgârjuna est célèbre entre tous les philosophes mystiques du Grand Véhicule, il est intéressant de noter que de tous ses disciples, Fazang nomme Âryadeva dont la descendance reprochera à celle de Bhâvaviveka, autre grand disciple du maître, d'accepter l'existence de réalités en vérité relative. On se serait attendu au contraire, vu l'«idéalisme» dont le Huayan ne manque pas de briller, mais Fazang est décidément un «absolutiste» incontrit. Les frères Asanga et Vasubandhu sont des auteurs prolifiques auxquels on doit, entre autres, les plus grands traités sur la «conscience, ou l'esprit, seulement» (*vijñaptimâtratâ*). Enfin, si à Ashvaghosha la tradition attribue le *Traité de la Naissance de la foi dans le Grand Véhicule*, dont les vues sont les plus élevées de la pensée bouddhiste, Sthiramati semble être, avec Nâgârjuna, l'auteur préféré de Fazang, d'une part pour son goût de la synthèse (il pense, par exemple, que la substance consciente est *simple* et non *quadruple* comme Dharmapâla), et d'autre part pour sa tendance à l'affirmation (par le raisonnement, *prayoga*) plutôt qu'à la négation (par la réduction à l'absurde, *prasanga*) – autre raison de croire qu'il aurait dû préférer Bhâvaviveka à Âryadeva : je pense que Fazang apprécie la logique que Bhâvaviveka déploie pour réfuter l'idéalisme quasi substantialiste de Dharmapâla.
2. Fazang affirme ici que les enseignements du *Lankâ* sont aussi parfaits, ou complets 圓, que ceux de l'*Avatamsaka* : ainsi rend-il hommage à notre texte en le soustrayant aux limites de l'interprétation «phénoméniste» ou substantialiste de la Conscience-Seulement. On notera que le *Soûtra de l'Entrée à Lankâ* n'emploie pas l'expression Conscience-Seulement (唯識 *vijñaptimâtra*) mais Esprit-Seulement (唯心 *cittamâtra*), et cette différence suffit à l'exclure du corpus «apparemment» *substantialiste* des «soûtras de la nature de bouddha» (*snying po'i mdo bcu*) des Jonangpas du Tibet, par exemple, car elle refuse la réalité en et par soi de l'esprit. Cf. Lessing et Wayman, p. 49 à 53.

Chapitre IV

Les êtres que ces enseignements peuvent toucher

I. On déterminera d'abord ceux qui *peuvent* les recevoir

II. et ensuite ceux qui sont *dignes* de les recevoir[1].

I. Le présent soûtra et d'autres expliquent que les êtres animés peuvent se distinguer en cinq familles[2] :

1. La famille des bodhisattvas,

2. la famille des bouddhas-par-soi,

3. la famille des Auditeurs,

4. la famille des indéterminés, qui appartiennent parfois à l'une, parfois à l'autre des trois premières familles,

5. et enfin la famille de ceux qui n'appartiennent définitivement à aucune de ces trois familles.

---

1. Le jargon bouddhiste appelle «mobiles» 機 ceux qui «peuvent» recevoir des enseignements au sens où ces derniers sont «motivés» ou plutôt «mis en branle» par ceux qui en ont karmiquement désir et besoin, et «vases» 器 ceux qui sont «dignes», voire «capables», de les recevoir. Les enseignements du Grand Véhicule sont comparables au lait de lionne que l'on ne peut recueillir que dans un vase en or : un récipient de toute autre matière exploserait à ce contact.

2. Sur ce sujet, essentiel entre tous puisqu'il tente de répondre à la question «pourquoi certrains êtres sont-ils très mystiques et d'autres moins ou pas du tout?», le lecteur devrait ajouter au *Lankâ* (*Entrée*, p. 93 *et suiv.*) d'autres lectures, comme les enseignements du Tibétain Gampopa sur les «lignées» dans son *Précieux Ornement de la Libération*, p. 32 et 33.

Les enseignements provisoires [1] du Grand Véhicule considèrent, d'une part, que ces enseignements s'adressent uniquement à la famille des bodhisattvas et à la famille des indéterminés, car les trois autres familles n'en sont pas dignes précisément du fait de ce qui les détermine, et, d'autre part, parce que si les cinq familles peuvent chacune en tirer quelque profit à son niveau, elles ne pourront pas jouir des bienfaits qui échoient à ceux qui accèdent au Grand Véhicule.

Les enseignements réels du Grand Véhicule envisagent trois possibilités :

1. La sensibilité immédiate [au *Lankâ*] de ceux qui appartiennent à la famille des bodhisattvas et à la famille des indéterminés.

2. La sensibilité à venir au fil des renaissances : les adeptes déterminés des deux véhicules inférieurs doivent entrer en nirvâna puis recevoir un corps de métamorphose [2] avant d'accéder au Grand Véhicule. Ce qui prend 80 000 ères cosmiques à un individu Entré-dans-le-courant et dix mille à un bouddha-par-soi comme on peut le lire dans le *Soûtra du Nirvâna* [3] ou, comme le *Soûtra du Lotus* l'explique : «Cet homme a l'impression de s'éteindre dans la libération en accédant au nirvâna, mais [en fait il renaît] dans un monde où il cherchera la sagesse du Bouddha, etc. [4]» Le *Traité de la Grande Sagesse* : «Par delà les trois mondes, il y a des mondes transcendants de pureté où renaissent les Arhats.» Le *Traité* cite en fait le *Lotus* [5].

---

1. Les enseignements provisoires 權教 du Grand Véhicule sont ainsi nommés par les adeptes du Tiantai et du Huayan par rapport aux trois véhicules des écoles vacuiste et phénoméniste. Les enseignements réels 實教 désignent alors leur approche en un seul véhicule, qui se trouve être l'Éveil, ou le réel, lui-même.
2. Cf. *Entrée*, p. 90 et n. 1.
3. T 375, vol. 12, p. 734c.
4. T 262, vol. 9, p. 25c.
5. Je n'ai pu localiser aucune des deux citations.

3. La sensibilité éloignée : les êtres qui n'appartiennent à aucune famille ont de sérieux obstacles et il leur sera difficile d'accéder [au Grand Véhicule]. Toutefois, comme ils sont pourvus de la nature de bouddha, ils finiront, à la longue, par avoir accès à ces enseignements. Ce qu'on peut lire dans le *Traité de la Nature de Bouddha*, de même que dans le *Traité du Continuum insurpassable*. Par ailleurs, le *Soûtra du Nirvâna* proclame que tous les êtres qui ont un esprit sont [de ce fait] pourvus d'une nature de bouddha [1], si bien que les enseignements de ce soûtra concernent les êtres des cinq familles au complet, puisque tous ils sont promis à atteindre le Grand Éveil.

II. À présent voyons quels êtres sont des «vases» [dignes de recevoir le nectar de ces enseignements]. On peut appartenir à la famille requise mais, en fonction de divers obstacles et activités qui se manifestent au cours de la vie, on peut être 1) digne ou 2) indigne d'accéder aux enseignements de ce véhicule.

1. *On peut en être indigne pour cinq raisons :*

1. Le *manque de foi* – quand, ne croyant pas que les actes ont des conséquences dans le futur, on accomplit des actes négatifs sur une vaste échelle, comment pourrait-on alors croire à la possiblilité de l'Éveil ou du nirvâna ? Ceux qui souffrent de cette infortune ne sont pas dignes de recevoir les enseignements du *Lankâ*.

2. L'*attachement à l'existence* est le problème de ceux qui, sachant que les actes produisent des effets, ne commettent pas d'actes négatifs en cultivant les actes positifs par intérêt pour la rétribution qu'ils en tireront chez les hommes et les dieux. Comme ils sont attachés aux trois mondes et ne cherchent pas à s'en extraire, ils sont indignes de recevoir les enseignements du *Lankâ*.

---

1. T 375, vol. 12, p. 652b, par exemple.

3. La *quête fallacieuse* concerne ceux qui aspirent à s'extraire du monde en recherchant la libération dans les vues fausses des voies non bouddhistes. Les croyances et les vues qu'ils chérissent privent leurs facultés et leur forme d'esprit de la maturité qui s'impose pour être dignes de recevoir les enseignements du *Lankâ*.

4. La *quête déficiente* concerne ceux qui ont renoncé aux voies non bouddhistes mais n'aspirent qu'à suivre les deux véhicules inférieurs. L'immaturité de leurs facultés les rend indignes des enseignements du *Lankâ*.

5. La quête *confuse* concerne ceux qui, étudiant le Grand Véhicule, n'ont pas l'intuition de la vacuité réelle qu'ils confondent avec le néant ; elle concerne aussi ceux qui croient que la production interdépendante est une réalité en et par soi et cherchent ailleurs la vacuité essentielle [des existants]. En fait, ils s'écartent du réel en ne parvenant pas à admettre que tout fusionne parfaitement sans contrariété ni obstacle, et cela les rend indignes des enseignements du *Lankâ*.

2. *Voyons à présent cinq façons d'être digne de recevoir ces enseignements.*

1. Par la *réalisation*, comme les grands bodhisattvas qui, à l'audition de ces enseignements, accèdent à la réalisation.

2. Par la *pratique*, comme les bodhisattvas qui n'ont pas encore accédé aux terres mais accomplissent la juste pratique en contemplant ces enseignements sur le réel.

3. Par la *compréhension*, comme les bodhisattvas qui, débutant dans l'esprit d'Éveil, comprennent la logique [des choses] grâce à ces enseignements sur le réel. Ils peuvent alors entreprendre de pratiquer sur la base de la vue juste et ne tardent pas à accomplir de grands bienfaits.

4. Par la *foi*, comme ceux à qui ces enseignements inspirent une foi toute pure et qui engendrent l'esprit d'Éveil bien autrement que pour le renom ou le profit.

5. Par la *droiture*[1], qui les fait avancer tandis qu'ils les reçoivent, les retiennent et les intègrent, jusqu'à ce que, aussi habitués à les comprendre qu'à les mettre en pratique, ils soient dignes de recevoir les enseignements du *Lankâ*.

Le *Soûtra de* Shrîmâlâdevî *fait état de trois justes sagesses*[2] :

I. La sagesse qui connaît les choses telles qu'au réel est celle des vases par la réalisation.

II. La sagesse conforme au réel est celle des vases par la compréhension et la pratique.

III. La sagesse qui recourt à des expédients est celle des vases par la foi, ces êtres pour qui ce que seuls les bouddhas peuvent connaître ne fait pas partie de leur champ d'expérience ; pour eux, il suffit d'avancer en croyant à l'Éveil du Bouddha.

Quant à l'*universalité*, elle précise que les êtres indignes de recevoir ces enseignements pour les cinq raisons que nous avons vues plus haut finiront par mûrir, et leurs facultés leur permettront d'y accéder enfin.

---

1. Sur la droiture, cf. Sengzhao, p. 73 et suiv.
2. Je n'ai pas pu retrouver ces sagesses dans le *Soûtra de Shrîmâlâdevî*. Mais deux fois trois sagesses sont décrites dans l'*Entrée*, III, 10, p. 175 et suiv., qui peuvent correspondre aux trois types de vases.

Chapitre V

Ce qui exprime la substance[1]
des enseignements

Voici, en dix points [qui sont autant de portes], une théorie générale de la substance des enseignements :

1. Les mots et les phrases ont le pouvoir d'exprimer [la substance des enseignements]
2. La parole et la voix l'expriment en l'expliquant
3. La voix et les mots l'expriment ensemble
4. Abolition tant de la voix que des mots
5. Subsomption générale de ce qui est expliqué
6. Le recours à tous les moyens d'enseigner
7. Production interdépendante de l'Esprit-Seulement
8. Réunion des attributs et retour à l'essence
9. Fusion et correspondances de l'essence et des apparences
10. Rien ne peut faire obstacle à la perfection de la claire lumière

1. *Les mots et les phrases ont le pouvoir d'exprimer [la substance des enseignements]*

1. D'après la *Vibhâshâ*[2] du Petit Véhicule, ce sont les mots, les phrases et les textes, parfaitement rangés en lignes ou en

---

1. Au sens de «substantifique moelle» plutôt que de «quiddité» – le «contenu» du message des Éveillés. Le réel dans sa totalité, ou l'indicible dire.
2. Cf. *Vibhâshâ* 阿毘曇毘婆沙論, T 1546, vol. 28, p. 56c et suiv.

colonnes d'écriture, qui ont le pouvoir d'exprimer la substance des enseignements.

2. Dans les soûtras du Grand Véhicule comme le *Vimalakîrti*, c'est aussi au langage qu'est donné le pouvoir d'exprimer en expliquant[1]. Selon l'apparence, il en est de même dans le *Lankâ*[2]. On peut lire dans le *Traité de la Conscience-Seulement* que les mots expriment les essences et les phrases les différences. Les textes sont des écrits où les mots et les phrases prennent appui[3]. Ce qui devrait être bien compris.

2. *La parole et la voix expriment la substance des enseignements en les expliquant*

1. Dans le Petit Véhicule, le *Jñânaprasthâna*, par exemple, explique que l'essence des enseignements consignés dans les douze genres du Canon revient à la voix même du Bouddha, à sa parole, aux mots qu'il prononçait, et que les mots, les phrases et les textes manifestent les activités de ses enseignements[4].

2. Pour le Grand Véhicule, les mots et les phrases sont des constructions conventionnelles qui, prenant appui sur la parole et la voix, n'en diffèrent point par la substance ni l'essence. L'essence des enseignements se trouve donc tout entière dans la parole et la voix, ainsi que le *Vimalakîrti* en fait état[5].

---

1. « *La parole et l'écrit sont libération*, s'exclama la déesse, parce que la libération n'est ni intérieure, ni extérieure, et ne se trouve pas entre les deux. De même, le *langage* n'est ni intérieur, ni extérieur, ni intermédiaire, si bien que, Shâriputra, on explique la libération sans renoncer au *langage*, parce que tous les phénomènes sont "libération". » *Soûtra de la Liberté inconcevable*, ch. VII, p. 112.
2. Même si dans le *Lankâ* le Bouddha nie toute possibilité d'approche verbale de l'Éveil (*Entrée*, p. 115, par exemple), il nie également toute possibilité de s'en passer pour « comprendre » : « Les enseignements verbaux désignent la multiplicité des enseignements expédients que les bouddhas prononcent en se réglant sur l'esprit de chaque être (p. 188). » Car, rugit-il encore (du moins pour moi), « il est impossible de comprendre ce que je veux dire tant que je ne le dis pas (p. 200) ».
3. 成唯識論, T 1585, vol. 31, roul. 2, p. 6b.
4. Impossible à localiser dans le *Fazhilun* 發智論 de Kâtyayanîputra traduit en chinois par Xuanzang, T 1544, vol. 26.
5. Au chapitre XI, où il est question des différents modes d'activité des bouddhas. Cf. paragraphe suivant.

3. *La voix et les mots expriment ensemble la substance des enseignements*

1. Dans le Petit Véhicule, les deux précédentes théories s'unissent pour former une troisième proposition.

2. Dans le Grand Véhicule, le *Traité des Dix Terres* explique que celui qui enseigne enseigne à l'aide de deux choses et que celui qui l'écoute entend [les] deux [mêmes] choses : la voix et ce qu'elle dit. La conscience auditive perçoit la voix tandis que la conscience mentale interprète [1] ce qui est entendu, comme l'exprime le *Vimalakîrti* : «Parfois les Éveillés agissent en recourant à la voix, au langage et à l'écrit [2].»

4. *Abolition tant de la voix que des mots*

1. Il n'est pas question de cette abolition dans le Petit Véhicule qui n'admet pas la vacuité de toutes choses [3].

2. Pour le Grand Véhicule, le son de la voix, de même que la parole et l'écrit, sont vides de caractéristiques réelles. Rien de cela n'existe, au point que l'on pourrait enseigner toute la journée sans rien enseigner du tout.

Le *Lankâ* explique
1. que celui qui enseigne n'enseigne ni ne montre rien,
2. et qu'il enseigne comme dans une illusion magique.
3. Voilà donc un enseignement sans enseignement dont ces trois propositions montrent bien le caractère illusoire.

---

1. 領解, litt. «fait l'expérience de et explique». La conscience mentale a pour objets, en plus des objets mentaux produits par le *manas*, les notifications que lui «envoie» la partie «percevante» (*darshanabhâga*) de l'instant de conscience auditive, et ce sont ces informations élémentaires qu'elle va interpréter au gré des schémas habituels qui la configurent.
2. *Soûtra de la Liberté inconcevable*, XI, p. 159.
3. Mais seulement la vacuité, autrement dit l'existence conditionnée, du moi ou «soi individuel».

4. Il n'y a pas d'enseignement dans un enseignement puisque, par essence, l'enseignement est vide, comme le rappelle cette quatrième proposition.

5. Or ces quatre propositions se combinent pour décrire la substance du même enseignement, si bien que, par delà l'existence et l'inexistence, [l'enseignement] dépasse les émotions et leur expression. Voilà pour la « substance des enseignements du Grand Véhicule sur le réel[1] ».

5. *Subsomption générale de ce qui est exprimé*

On lit dans le *Traité du Yoga* que « la substance des soûtras peut se ramener à deux choses : le texte et son sens. Le texte est le contenant et le sens le contenu. Texte et sens sont cela même qu'il faut connaître[2] ».

Explication : Puisque le texte n'a d'autre fonction que de manifester le sens, en tant que contenant, il est essentiellement vide. Ce que l'on comprendra en relisant ce qui précède.

6. *Le recours à tous les moyens d'enseigner*

Il n'y a pas qu'en recourant à la voix, aux mots et au sens que l'on peut exprimer [la substance des enseignements] en l'expliquant, cela peut également se faire à l'aide de toutes choses telles les formes, les odeurs, les saveurs, les contacts, voire le silence[3]. Le *Lankâ* fait mention d'enseignements qui se limi-

---

1. Les quatre propositions disent 1) qu'il y a un enseignement (« le réel parle ou se dit »), 2) qu'il n'y en a pas – puisque « rien n'est enseigné ni montré », 3) qu'il y a un enseignement – puisque nous avons entendu parler du Dharma – mais qu'il est aussi insaisissable que ce qu'il enseigne, et 4) que même s'il y avait un enseignant qui enseignât, ce qu'il enseignerait ne serait rien en et par soi, à l'instar de toutes choses. L'intégration de ces quatre propositions – selon l'herméneutique du Huayan de Fazang – décrit au plus près la « substance des enseignements du Grand Véhicule sur le réel ».

2. Cf. les *Annales du Yogashâstra* de Dunlun 釋遁倫瑜伽論記, T 1828, vol. 42, p. 801c.

3. Le célèbre « tonitruant silence de Vimalakîrti », par exemple : « Nous avons tous parlé, dit Mañjushrî. À votre tour, révérend : dites-nous comment le bodhisat-

tent à un soulèvement de sourcil, à un mouvement des yeux[1]. «Ainsi, Ânanda, dit encore le *Vimalakîrti*, l'imposant maintien des bouddhas, tout ce qu'ils font par générosité, leur démarche même : il n'est rien de tout cela qui ne soit activité éveillée.» Sentir un parfum et manger du riz peuvent vous plonger en extase[2]. Comme nous l'avons vu précédemment, rien ne peut faire obstacle à des existants illusoires, vides par essence.

7. *Production interdépendante de l'Esprit-Seulement*

Il n'est rien de tout ce que nous venons de dire des enseignements qui ne soit exclusivement représentation au sein de la conscience, si bien que la substance [des enseignements] est tout entière «conscience-seulement» (*vijñaptimâtra*).

Cela signifie deux choses :

1. Qu'il faut d'une part considérer l'existence ou l'inexistence de la forme et de son reflet[3],

2. et, d'autre part, envisager l'inclusion mutuelle de l'enseignant et de son auditoire.

1. *Le premier point présente quatre possibilités :*

1. Il y a une forme mais celle-ci n'a pas de reflet, comme le soutient le Petit Véhicule pour lequel seules sont réelles les choses extérieures qui ne sauraient en aucun cas se ramener à de la conscience. Cette théorie émane de Dharmatrâta.

---

tva accède au Réel dans la non-dualité ! – Vimalakîrti garda le silence. – Bravo ! s'écria Mañjushrî. Bravo ! C'est seulement avec la fin des mots qu'on accède vraiment au Réel dans la non-dualité !» *Soûtra de la Liberté inconcevable*, p. 142.
1. Cf. *Entrée*, II, 42, p. 130.
2. Le *Vimalakîrti*, toujours : «Quelle merveille ! s'écria Ânanda. Ô Vénéré du monde, j'ignorais qu'il pût exister une nourriture toute en parfum capable d'exercer les activités éveillées. (p. 158)» … «Parfois la nourriture est un mode opératoire des bouddhas. (p. 159)»
3. Littéralement «de l'arbre et de son ombre».

2. Il y a une forme et celle-ci a des reflets. Autrement dit, les racines de bien que les êtres [ont acquises] en écoutant des enseignements [forment] la condition dominante qui active certaines semences altruistes dans l'esprit du Bouddha, et cela provoque l'émergence d'une apparence de texte et de sens dans la sagesse du Bouddha, [autrement dit] «l'enseignement sous son aspect primordial et essentiel».

[À son tour,] cet enseignement du Bouddha forme la condition dominante qui active les semences polluées et non polluées de celui qui écoute l'enseignement : émerge alors dans la conscience de l'auditeur une apparence de texte et de sens, [autrement dit] «l'enseignement sous son aspect d'image projetée».

De ce fait, la forme se trouve hors de l'esprit et son reflet à l'intérieur, puisque cette école admet que l'apparence, la voix et les qualités du Bouddha sont extérieures à l'esprit des êtres, suivant en cela Dharmapâla et ses disciples [1].

3. Il n'y a qu'un reflet mais il n'y a pas de forme [reflétée]. Autrement dit le fruit de bouddhéité dépasse l'esprit des êtres pour se ramener à l'ainsité et à la sagesse de l'ainsité. La grande compassion et les grands vœux forment la condition dominante qui permet [au Bouddha] de porter à maturité les facultés des êtres qu'il peut [karmiquement] aider jusqu'à ce que, au sein même de leur esprit, il voient le Bouddha et entendent ses enseignements. Il n'existe pas de qualités telles que l'apparence et la voix de l'Ainsi-Venu en dehors de l'esprit, ainsi que le soutiennent Nâgasena et Sthiramati [2].

---

1. Il me semble que, ici encore, Fazang critique indirectement l'école phénoméniste (Faxiang) récemment créée par Xuanzang, disciple de Shîlabhadra qui eut pour maître Dharmapâla, le grand commentateur «idéaliste» des *Trente Stances sur la Conscience-Seulement* de Vasubandhu. Pour certains adeptes de cette école, il y a des êtres qui ne sont pas porteurs de semences d'Éveil : la bouddhéité est forcément extérieure à leur esprit où pourtant «tout se passe».

2. Pour Nâgasena, l'interlocuteur du roi Milinda, la bouddhéité n'est qu'ainsité et sagesse de l'ainsité, et ses qualités n'ont rien de grossièrement matériel comme

4. Il n'y a ni forme ni reflet. Les images perçues au sein de l'esprit n'ont d'autre substance que l'esprit, si bien que forme et reflet sont impossibles, comme le soutiennent Nâgârjuna et Âryadeva.

2. *Inclusion réciproque de l'enseignant et de son auditoire*

Celle-ci présente à son tour quatre possibilités :

1. De leur côté, les êtres convertis [par un bouddha] n'ont pas de substance propre, puisque la substance des êtres est le « réceptacle d'ainsi-venu [1] ». La sagesse du Bouddha réalise [2] que celui-ci est sa propre substance. En conséquence, la substance des êtres est tout entière apparition au sein de la sagesse du Bouddha.

On peut lire au chapitre du « Réceptacle d'ainsi-venu », dans le deuxième rouleau du *Traité de la Nature de Bouddha* : « Tous les êtres animés se trouvent dans la sagesse de l'Ainsi-Venu qui mérite alors le nom de *réceptacle*. Or comme la sagesse de l'ainsité a pour objet la sphère de l'ainsité, il n'est définitivement aucun être qui soit exclu de la sphère de l'ainsité. Sagesse et ainsité sont incluses dans l'Ainsi-Venu et intégrées à lui, si bien que les êtres qu'il "contient" forment le "réceptacle d'ainsi-venu" [3]. »

---

les formes, les sons, etc. Auteur d'un célèbre commentaire du *Continuum insurpassable* d'Asanga, Sthiramati est donc le maître de shâstra préféré de Fazang qui commentera son traité sur la Dimension absolue de la nature de bouddha : 大乘法界無差別論疏并序 T 1838, vol. 44, p. 61 à 77.
1. Cette traduction assez laide de l'intraduisible *tathâgatagarbha* 如來藏 est nécessaire pour comprendre les commentaires : ce qui n'empêche que ce « réceptacle » de toujours n'est en rien différent de notre « nature de bouddha » 佛性。
2. On voit bien ici que « réaliser » n'a rien d'un acte intellectuel et que « la connaissance transcendante ne connaît pas 般若不知 », pour citer Sengzhao.
3. T 1610, vol. 31, p. 796a.

Explication : On voit par là que, si la substance des êtres à convertir se trouve tout entière dans la sagesse du Bouddha, les enseignements de celui-ci le seront forcément aussi et, de ce fait, les enseignements ont pour unique substance l'esprit du Bouddha.

2. De leur côté, les bouddhas, « qui convertissent », n'ont pas davantage de substance propre. La sagesse qui réalise le vrai est identique au vrai [mais] au sein de cette saveur unique les êtres commettent l'erreur de faire du réel une essence [1]. Voilà pourquoi la substance des bouddhas se trouve dans l'esprit des êtres animés. [Comme] de la substance jaillissent les activités, une fois jaillies de la substance psychique des êtres, l'apparence et la voix des bouddhas retournent dans l'esprit des êtres, lequel est soumis à la production interdépendante. Ainsi donc, les activités que les bouddhas manifestent à l'aide de leur apparence et de leur voix sont encore des activités qui se déroulent à l'intérieur de l'esprit des êtres, ce qui est aussi le cas de leurs enseignements. Voilà donc pourquoi tous les enseignements peuvent se ramener à l'esprit des êtres.

3. Les deux thèses précédentes ne s'excluent pas l'une l'autre, à tel point qu'elles se laissent percevoir simultanément sans la moindre contradiction. On dit alors que les êtres animés qui se trouvent dans l'esprit des bouddhas écoutent les enseignements donnés par les bouddhas qui se trouvent dans l'esprit des êtres, ou encore, que les bouddhas qui se trouvent dans l'esprit des êtres enseignent le Dharma aux êtres qui se trouvent dans l'esprit des bouddhas. L'inclusion réciproque est totale sans que rien ne puisse y faire obstacle.

4. Le Bouddha n'est que l'esprit des êtres sans aucune apparence de Bouddha. Les êtres ne sont que l'esprit du Bouddha où ils perdent toutes leurs caractéristiques d'êtres ordinaires. Dans le corps qui s'est intégré ces deux disparitions, il n'y a

---

1. 攬真為性。

plus d'enseignant ni d'auditoire : comment y trouverait-on la substance de quelque enseignement que ce soit ?

L'intégration de ces quatre propositions crée une instance qui est toute ceci et toute cela, où l'être et le non-être ne s'opposent ni ne se contredisent. Ce que l'on percevra en y réfléchissant bien.

8. *Réunion des attributs et retour à l'essence*

La nature purement imaginaire est vide et la nature dépendante n'a pas d'essence : c'est dans ce sens que le *Lankâ* enseigne que toutes choses sont ainsité. Il est également dit que la libération est possible parce que le langage n'a pas d'essence[1]. Vides, les apparences ne s'épuiseront jamais ; réelle, leur essence reste perceptible. Dès lors, vous pouvez enseigner tout le jour : vous n'enseignerez rien du tout.

9. *Fusion de l'essence et des apparences*

Il n'y a plus d'apparences vides, plus rien ne fait obstacle ; l'essence du réel se présente et agit sans que rien ne l'arrête : autant dire que, en tant que réelles, les apparences sont indestructibles et que, en tant qu'apparence, le réel est immuable. L'essence et l'apparence fusionnent ; elles sont deux sans dualité. Un texte dit que « les êtres sont le corps absolu », que « le corps absolu, ce sont les êtres[2] ». Corps absolu et êtres sont synonymes. Il faut s'absorber dans la pensée de ce qui les unit.

---

1. C'est le fait même que, comme toutes choses, le langage n'ait pas d'essence, qui est libération, ainsi que la déesse de la chambre de Vimalakîrti l'enseigne à Shâriputra. Cf. *sup.*, p. 62, n. 1.
2. Cf. Sthiramati, 大乘法界無差別論卷一, T 1627, vol. 31, p. 895c, et commentaire de Fazang, T 1838, vol. 44, p. 69 : « Les deux disparaissent et il n'est plus rien à prédiquer. »

10. *Rien ne peut faire obstacle à la perfection de la claire lumière*

I. Exposé
II. Conclusion

I. *Exposé*

On peut aborder un enseignement :

1. Selon l'égalité de l'essence réelle
2. Selon les différences des apparences vides

1. *L'essence réelle présente deux aspects* :
I. Elle se conforme aux causes
II. Elle est immuable
Ce que signifient les textes qui disent : « Souillée sans être souillée et non souillée tout en étant souillée. »

2. *L'apparence vide présente elle aussi deux aspects* :
I. Elle ne persiste pas
II. Elle ne se détruit pas.
Comme l'explique le *Soûtra* [*de la Connaissance trans-cendante*] : « Rien n'existe réellement, si bien que ce monde n'est pas un monde mais le *mot* monde [1]. »

II. *Conclusion*

1. La conformité aux causes au sein du réel a le même sens que la non-destruction au sein des apparences : la vérité abso-lue n'est pas différente de la vérité relative.

---

1. 「諸法無所有，如是有世界，即非世界，是名世界。」 大般若波羅蜜多經卷 577, T 220, vol. 7, p. 982a, et *Soûtra du Diamant* 金剛經卷一, T 235, vol. 8, p. 750a : « Et ce que le Tathâgata a dit former un système de mondes, il déclara que ce n'était pas un système de mondes. Voilà pourquoi on peut parler de "système de mondes". » Trad. du tibétain par Ph. Cornu, p. 41.

2. L'immutabilité au sein du réel a le même sens que la non-persistance au sein des apparences : la vérité relative n'est pas différente de la vérité absolue.

3. Ne pas changer au sein du réel et ne pas se détruire au sein des apparences, ce ne sont point une seule et même chose puisque la vérité absolue dévie de la vérité relative.

4. Se conformer aux causes au sein du réel et ne pas persister au sein des apparences, ce ne sont point une seule et même chose puisque la vérité relative dévie de la vérité absolue.

5. Rien de ce qui se conforme aux causes au sein du réel ne change jamais : voilà comment l'essence ne s'altère point. Tout se conforme aux causes et cette conformité est inaltérable. La saveur unique ne se dédouble pas. Quand persistance et mort ne font plus deux au sein des apparences, les vérités absolue et relative sont à la fois les mêmes et différentes tout en n'étant ni les mêmes ni différentes.

En y réfléchissant bien, vous verrez que là se trouvent [tout] le goût et le sens des enseignements du Grand Véhicule.

Chapitre VI

Principe et fin de ce qui est exprimé

Le langage exprime le «principe», et celui-ci renvoie à la «fin». On peut expliquer le principe et la fin de ce soûtra en dix points :

1. Il n'a pas de principe.
2. On n'y trouve que des idées fausses.
3. [Il exprime] la sublime sagesse de la réalisation intérieure.
4. Il enseigne l'unicité de l'esprit.
5. Il distingue les deux vérités.
6. Il enseigne les trois inégalés.
7. Il expose le Dharma en quatre ensembles d'enseignements.
8. Il explique cinq couples d'opposés.
9. Thèses et réfutations ne se contredisent pas.
10. Liberté du manifeste et du secret.

1. Dire que ce soûtra ne présente pas de principe essentiel, c'est rappeler la fusion parfaite de l'essence et des caractéristiques de toutes choses, où la route est barrée tant à la pensée qu'au langage. Il n'y a pas de «principe» à expliquer quand il n'y a rien à ériger en principe. Ce que le soûtra dit ainsi : «Il ne faut pas, Mahâmati, que les bodhisattvas grands êtres érigent en thèse [principe] le fait que rien n'existe... puisque cette thèse fait partie des objets qu'elle nie, et qu'il lui faudrait, pour

être vraie, ne pas exister elle-même, puisque elle repose sur un syllogisme composé de cinq parties [1]... » Si bien que ce soûtra a pour principe de ne pas avoir de principe ; ce que disant, l'on précise qu'il n'a pas non plus de fin.

2. Dire qu'on n'y trouve que des idées fausses, c'est accorder aux idées fausses le statut de remède autant que de maladie.

En tant que maladies, les idées fausses désignent les croyances et les vues, qui ne sont faites que de creuses imaginations, lesquelles sont des maladies dont le soûtra se veut l'antidote.

En tant que remèdes, ce sont les paroles du Bouddha qui disent aux hommes que leurs opinions sur ce qui est et ce qui n'est pas ne sont que des idées fausses. À ces paroles, les hommes se détachent de leurs opinions, comme à l'aide d'un remède. Mais il n'y a que les paroles du Bouddha qui puissent retourner les idées fausses pour en faire des remèdes contre les idées fausses. Ainsi un soûtra tout entier peut-il se diluer dans le simple concept d'« idées fausses » : les idées qu'il avance sont fausses mais elles calment et arrêtent les idées fausses. Autant dire qu'elles sont essentielles dans ce texte qui a donc des idées fausses pour principe et pour fin la fin de ces idées.

3. Si ce texte a pour principe la sublime sagesse de la réalisation intérieure, cette réalisation ne consiste pas seulement à reconnaître l'égalité de toutes choses en tant que l'esprit propre mais aussi à reconnaître la substance de la sagesse qui le reconnaît dans la saveur qu'elle partage avec la vérité absolue, merveilleusement au-delà du sujet et de l'objet, par delà connaisseur et connu. C'est en ce sens que le soûtra dit qu'il n'y a pas de nirvâna pour les bouddhas, lesquels se sont à jamais éloignés du sujet connaissant et de l'objet connu [2]. La prise de

---

1. L'*Entrée* rappelle qu'il est impossible d'ériger en thèse le *fait* que « rien n'existe ». Cf. III, 14, p. 183 et suiv.
2. « Il n'y a pas de nirvâna pour les bouddhas » : l'affirmation peut paraître énorme tant qu'on n'a pas lu et relu le chapitre VII de l'*Entrée*...

conscience a lieu à l'occasion du premier contact avec l'esprit d'Éveil ; la plénitude appartient au fruit, la bouddhéité. Ce qui est expliqué au long dans le soûtra, dont c'est en fait le principe. Ce texte a donc pour principe un éveil de la conscience, et pour fin son extinction.

4. Il peut encore avoir pour principe l'unicité de l'esprit, puisqu'il explique que toutes choses sont des perceptions au sein de l'esprit : un désordre intérieur aux schémas habituels soulève le vent des objets erronés qui frappe l'océan de l'esprit en écumant de vagues par milliers dont toutes sont des manifestations de l'esprit. Le soûtra illustre ce fait de mille et une façons qui montrent et démontrent qu'il n'y a là que conscience, qu'elle est le principe. Ainsi ce texte a pour principe la conscience-seulement et pour fin la fin de l'esprit. Comme on peut le lire : «J'appelle pensée la pensée libre de la pensée [1].»

5. Quand on dit que ce texte a pour principe les deux vérités, on ne fait qu'«ouvrir» le précédent esprit un en deux vérités [2].

---

1. 無心之心量，我說為心量 : traduction de Gunabhadra, T 670, vol. 16, p. 500b1.
2. Dans le discours philosophique bouddhiste, la théorie des deux vérités fait la distinction entre l'absolument vrai (*paramârthasatya*) et le relativement vrai (*samvrittisatya*), d'où il résulte immédiatement que tout ce qui peut être dit relève de la vérité relative, ou n'est en rien définitif et parfait. Dans sa traduction-«récriture» des *Stances de la Voie médiane* de Nâgârjuna, S. Batchelor parle plutôt de vérités «mondaines» et «sublimes», ce qui fait dire à l'*âchârya* : «Le Dharma enseigné par le Bouddha repose sur deux ordres de vérités : les vérités du monde, qui sont partiales, et les vérités sublimes. Qui ignore en quoi elles diffèrent ne peut connaître le sens profond ; qui ne compte sur les conventions ne peut découvrir le sublime ; sans l'intuition du sublime, il n'est pas de liberté possible.» S. Batchelor & Nâgârjuna, *Versets jaillis du centre*, Huy (Belgique), éd. Kunchab, 2002, p. 102. Quant à la perception dualiste des deux vérités, cause d'importantes méprises, il est bon de méditer sur la page 7 de *Comprendre la vacuité*, *passim*, où Kunzang Palden renvoie à une idée du *Soûtra du Dévoilement du sens profond*

La production interdépendante du pur et du souillé[1], qui sont autant de différenciations des apparences que peut revêtir l'esprit, permet de distinguer les êtres ordinaires des êtres sublimes : voilà une définition de la *vérité relative*.

Dans la substance de l'esprit, qui est égalité, les apparences pures et souillées s'épuisent en dégageant une saveur unique, libre de toute dualité, que l'on appelle *vérité absolue*.

Il y a cinq façons de poser les deux vérités l'une par rapport à l'autre : c'est ainsi qu'elles peuvent
1. se contredire,
2. se détruire,
3. s'harmoniser,
4. se compléter et
5. ne pas se contrarier.

1. Voyons d'abord comment la vérité absolue contredit la vérité relative : comme elle contredit la naissance et la cessation [admises] en vérité relative, obéir à la vérité relative, c'est désobéir à la vérité absolue. Dévier de la saveur unique de la vérité absolue, comme l'eau de l'océan qui reste tranquille tandis que les vagues se déchaînent, c'est forcément s'opposer à la logique absolue. Si ce n'était pas le cas, les deux vérités se confondraient. Voilà comment on accède à leur non-unité.

2. Les deux vérités se détruisent mutuellement : non seulement leurs logiques respectives se contredisent mais elles vont jusqu'à se détruire l'une l'autre. Il faut que la vérité relative disparaisse jusqu'à ce qu'il n'en reste plus rien pour que la vraie nature puisse enfin se manifester ; et ce n'est qu'en voilant la vérité absolue jusqu'à ce qu'elle soit [entièrement] occultée que les apparences de la vérité relative peuvent s'accomplir.

(intitulé pour lors *Commentaire absolu du Sens*) que je n'ai pas réussi à retrouver en traduction française.
1. Autrement dit du nirvâna et du samsâra.

Retirez l'eau et il n'y aura plus de vagues, retirez les vagues et il ne restera plus d'eau. La notion de deux vérités n'est donc possible que si l'une abolit l'autre. Si ce n'était pas le cas, leur différence substantielle ne pourrait pas prouver leur non-unité. Voilà comment on accède à la non-unité de leur non-différence.

3. Quand on dit que les deux vérités s'harmonisent, on veut dire que cette vérité absolue où s'épuise la vérité relative ne devrait pas empêcher l'établissement de la vérité relative, puisque la vacuité de la vérité absolue n'est pas un anéantissement ; et que cette vérité relative qui voile la vérité absolue ne devrait pas empêcher la vérité absolue de se manifester, puisque la vérité relative ne porte que sur des illusions inconsistantes. L'eau où retombent les vagues ne les obstrue pas puisqu'elle n'est pas [dure comme] le bois ou la pierre ; les vagues qui agitent l'eau ne l'occultent point dans la mesure où elles n'ont pas de consistance substantielle. S'il n'en était pas ainsi, aucune vérité ne se trouverait à sa place et il serait impossible de prouver qu'il y a deux vérités. Voilà comment on accède à la non-différence de leur non-unité.

4. Quand on dit que les deux vérités se complètent, on ne dit pas qu'elles cessent de se contredire dès lors qu'elles s'harmonisent, mais que, l'une comme l'autre, elles se parfont en partageant toute leur substance. Puisque la vérité absolue est la réalité même de la logique absolue, elle ne déroge pas à la causalité : la vérité relative s'accomplit dans la disparition de leur commune substance ; puisque la vérité relative est la vacuité des phénomènes, elle ne s'écarte pas du principe absolu : la vérité absolue se manifeste dans l'épuisement mutuel de leur commune substance.

Les vagues, même creuses, sont constituées d'eau ; comme une vague est eau de part en part, toutes les vagues sont eau. Ce qui constitue une vague s'appellant « eau », les vagues sont vagues jusqu'au fond de la substance de l'eau, et il n'est pas d'eau qui ne se fasse vague. Mouvement et calme se compénètrent dans la commune émergence des deux vérités. Car si ce n'était pas le cas, l'absolu et les phénomènes ne se dissoudraient pas l'un dans l'autre et les deux vérités ne tiendraient plus. Voilà comment on accède à la non-différence des deux vérités.

5. Enfin, quand on dit que les deux vérités ne se contrarient pas, on combine les quatre propositions précédentes dans la seule dimension absolue où rien ne fait obstacle. C'est ainsi que la vérité absolue n'est autre que la vérité relative, qu'elles se contredisent et qu'elles s'harmonisent, de même qu'elles se complètent et se détruisent l'une l'autre. Parfaitement libres et totalement dissoutes l'une dans l'autre, elles se laissent percevoir simultanément : ce qu'illumine la sublime sagesse apparaît soudain sans le moindre obstacle. Voilà l'aspect très profond des deux vérités, et le *Soûtra de Lankâ* a dans cette idée son principe dont la contemplation constitue la pratique et l'activité la fin.

6. *Ce soûtra a son principe et sa fin dans les « trois inégalés » :*

1. L'objet
2. La pratique
3. Le fruit

1. L'objet inégalé désigne les deux vérités que nous venons de voir, en tant qu'objet de contemplation, sur la base duquel s'accomplissent les pratiques de la compassion, de la sagesse, et ainsi de suite. Quand les pratiques atteignent leur plénitude ultime, c'est l'obtention du fruit de sagesse par un effet d'élimination[1].

---

1. Il n'y a pas de sagesse à acquérir : la nature de bouddha est primordialement pure, mais cette pureté est voilée par les émotions négatives, et surtout par l'ignorance, qui sont adventices et n'attendent que d'être éliminées. Une fois chassés ces nuages, le soleil de l'état naturel peut briller de tout son éclat.

C'est ce qu'explique la *Somme du Grand Véhicule* à propos des «dix choses éminemment sublimes» que les maîtres de shâstra ont ramenées à trois[1].

Les deux premières choses éminemment sublimes peuvent se ramener à l'objet sans égal : les huit consciences qui constituent le support du connaissable et les trois natures qui en forment l'apparence, voilà tout ce qui peut être contemplé.

2. Les six choses éminemment sublimes suivantes forment la pratique sans égale. Il s'agit de la contemplation discursive des quatre examens[2], des six vertus transcendantes, des dix terres et des trois entraînements [supérieurs] : ce qu'on appelle «juste pratique»[3].

3. Les deux dernières choses éminemment sublimes constituent le fruit sans égal. Le fruit de ces pratiques, c'est l'Éveil et, en tant qu'effet d'élimination, le nirvâna : voilà ce que l'on acquiert. Il n'est rien dans le texte que nous présentons qui ne

---

1. Le *Mahâyânasamgraha* d'Asanga se divise en 10 chapitres portant sur des sujets «éminemment sublimes» 十殊勝義 : 1) support du connaissable, 2) caractéristiques du connaissable, 3) entrée dans ces caractériqtiques, 4) entrée dans la causalité, 5) méditation sur les différentes séries causales, 6) discipline supérieure, 7) esprit supérieur, 8) connaissance supérieure, 9) extinction dans la paix du fruit, et 10) sagesse.

2. 四尋思觀 。 Cette contemplation plonge le méditant dans un examen approfondi du connaissable ramené, dans l'école Faxiang, ou phénoméniste, à l'usage de quatre catégories qui permettent d'analyser toutes choses : leur nom, leur sens, leur essence et leurs particularités. Le méditant voit alors qu'il n'y a là que des transformations au sein de son propre esprit, rien de réel. L'habituation à ce constat l'amène à quatre extases de profondeur croissante qui correspondent aux quatre phases de la voie de jonction : l'instant qui suit la dernière de ces phases, dite «meilleure chose du monde» 世第一法, n'est autre que le premier instant de la voie de vision, où la vérité absolue est vécue dans toute son évidente réalité : bouleversante vacuité.

3. La «juste pratique» 正行 inclut donc les six vertus transcendantes ou *pâramitâ* – générosité, discipline, patience, effort (ou : courage), concentration et connaissance –, les dix terres dont le déploiement manifeste les qualités des vertus transcendantes et les trois entraînements supérieurs, comme dans la *Somme du Grand Véhicule* : discipline, concentration et sagesse.

traite de ces trois sujets, si bien que le *Soûtra de Lankâ* a également le trois inégalés pour principe et pour fin[1].

7. Le soûtra a pour principe et pour fin quatre ensembles d'enseignements portant sur les cinq catégories, les trois natures, les huit consciences et les deux vacuités.

On distingue cinq catégories dans le champ d'expérience de l'esprit, en fonction de ses objets, chez les êtres ordinaires comme chez les êtres sublimes. La réalité propre [de ces objets] ne se détermine pas ailleurs que dans le cadre des trois natures. Les trois natures n'ont d'autre fondement que dans les huit consciences. Et quand le sens des huit consciences est établi, les deux vacuités sont manifestes[2].

Ou encore : la vacuité permet de poser les consciences. Les consciences peuvent se ramener aux trois natures ; et les trois natures s'étendre aux cinq catégories : ce qui correspond au mouvement de la racine vers les branches. La différence entre les êtres ordinaires et les êtres sublimes n'est pas à chercher ailleurs que dans les deux vacuités, mais en essence, tout cela a la même saveur[3].

On peut contempler méthodiquement l'un ou l'autre de ces quatre ensembles d'enseignements en commençant par la foi et la compréhension, puis en accomplir la pratique jusqu'à l'obtention du fruit[4] ; ou encore deux [de ces ensembles], ou bien

---

1. Les trois inégalés ou « choses sans égales » 三無等 désignent donc l'objet, ou le paysage 境 de la quête, la quête elle-même et son résultat, que le *Lankâ* enseigne à chaque page sous l'espèce des *huit consciences* – dont la nature de bouddha serait, tout bien vu, la substance –, de la *pratique* – chasser, d'une manière ou d'une autre, les voiles qui recouvrent notre essence toute pure –, et du *fruit de bouddhéité*, infiniment chanté dans le présent ouvrage.

2. Cf. *Entrée*, p. 237 et suiv.

3. Les « êtres ordinaires » sont ordinaires parce qu'ils ne reconnaissent pas la vacuité du moi comme les êtres sublimes du Petit Véhicule, et moins encore la vacuité de toutes choses – dont leur moi, bien entendu – comme les êtres sublimes du Grand Véhicule.

4. 起信生解行成得果 : « Commencer par la foi et la compréhension » à l'endroit de tel ou tel enseignement, c'est croire à ce qu'il annonce puis s'en assurer par

trois, sinon tous les quatre. Rien n'empêche de les combiner de différentes façons pour établir la vue juste. L'école phéno-méniste du Grand Véhicule ne fait rien de plus. Or comme le présent soûtra est imprégné par ces quatre ensembles d'enseignements, on peut considérer que ces derniers constituent le principe du *Soûtra de Lankâ* même si [nombre] d'autres sujets sont abordés au fil du texte.

8. *Cinq couple d'opposés forment le principe et la fin du* Lankâ :

1. Opposition de l'enseignement et de son sens : l'enseignement est le principe et son sens la fin puisqu'il s'impose de chercher l'enseignement pour en trouver le sens.

2. Opposition du principe et des phénomènes : [le soûtra] suit les phénomènes apparents qui se produisent en interdépendances selon le sens [du texte] dans le but de nous faire accéder à leur essence réelle.

3. Opposition des objets et de la pratique : parce que, en enseignant l'objet des vérités absolue et relative, [le Bouddha] veut nous faire accomplir la pratique correcte sans dualité [entre les deux vérités].

4. Opposition de la perception directe et de l'inférence : approcher l'enseignement des pratiques secondaires qui précèdent les terres dans l'intention d'accéder à ces dernières pour atteindre la réalisation profonde [1].

5. Opposition de la cause et de l'effet : pour que les bodhisattvas accomplissent harmonieusement toutes les pratiques dans le but d'accomplir l'Éveil, qui est le fruit de bouddhéité.

---

l'expérience personnelle : il s'agit là des préliminaires à toute pratique. La « foi » est une forme sacrée de la confiance qui commence par l'inspiration, se poursuit par le désir et culmine dans la conviction et l'irréversibilité. Tout cela s'impose pour cueillir le fruit d'une pratique parfaite.

1. Avant la voie de vision, le bodhisattva ne connaît la vacuité que par inférence ; c'est en la percevant directement qu'il accède à la première terre.

Voilà dix choses qui se ramènent à cinq paires d'opposés que l'on retrouvera tout au long du soûtra et qui en constituent le principe et la fin.

9. *Qu'il n'y a pas de contradiction [essentielle]*
entre ce que l'on peut prouver et ce que l'on peut réfuter

Les positions réfutées dans le présent soûtra peuvent se rapporter à trois [groupes de pratiquants ou d'adeptes] :

1. Les non-bouddhistes dont les vues sont fausses
2. Les deux véhicules inférieurs qui admettent l'existence réelle des choses
3. Les bodhisattvas qui ont mal compris

1. Les non-bouddhistes vont des « six maîtres » aux « quatre-vingt-quinze écoles » que le *Lankâ* réfute avec les arguments logiques qui correspondent à la sensibilité [de chaque adversaire] en se faisant un devoir de le libérer de ses opinions fausses et de le ramener à la vue juste, ainsi qu'on peut le voir dans le texte [1].

2. Le soûtra réfute ensuite les croyances des deux véhicules inférieurs, les Auditeurs et les bouddhas-par-soi, ainsi que [toutes les théories] des dix-huit écoles [2], car il se soucie de les

---

1. Sur les six maîtres, voir, par exemple, *Le Soleil de la confiance*, chapitre des « Grands Prodiges », p. 247 et suiv. À propos des 95 écoles ou systèmes philosophiques non bouddhistes, Sengzhao écrit : « Il y a quatre-vingt-seize sectes dont le but est l'Éveil » (*op. cit.*, p. 381). Pour lui, ces systèmes n'avancent que des vues fausses en obéissant à une ou plusieurs des 62 vues les plus répandues à l'époque du Bouddha, dont on trouvera une explication sommaire *ibid.*, p. 131, n. 1.
2. Les dix-huit écoles sont issues des deux groupes de penseurs qui se formèrent un siècle et demi après la mort du Bouddha : les Sthaviras, d'où descendent, entre autres, les « Pan-Réalistes » sarvâstivâdins, et les Mahâsanghikas d'où viendront les Prajñaptivâdins, précurseurs des adeptes de la Conscience-Seulement. D'aucuns voient dans cette première division de la pensée bouddhiste (l'interprétation des paroles du Bouddha) l'origine des enseignements différents, voire divergents, du Petit et du Grand Véhicules.

faire renoncer au Petit [Véhicule] pour les ramener au Grand, ainsi qu'il apparaît dans le texte.

3. Les bodhisattvas qui comprennent mal confondent vacuité et anéantissement, à moins qu'ils ne croient pas que la causalité karmique soit réellement vide[1]. De ces deux enseignements ils font tout à fait autre chose et le présent soûtra se charge de leur démontrer, en toute logique, comment se dégager de leur erreur pour revenir à la vérité, ainsi qu'on peut le lire.

Trois choses sont démontrées :

1. Que tout n'est qu'esprit, ce qui permet de traiter les trois maladies d'un seul tenant.

2. Que l'unique essence des choses est la réalité du réceptacle d'ainsi-venu.

3. Que l'on peut prouver l'existence [relative] de toutes choses sans altérer leur essence véritable.

Pour certains, le présent soûtra démontre [plutôt] ce qui suit : [que l'on peut]

1. Faire disparaître[2] les phénomènes en retournant à leur principe [si bien que] celui-ci se laisse percevoir sans qu'il ait fallu détruire les phénomènes.

2. Prouver l'existence des phénomènes à l'aide du principe, [si bien que] les phénomènes sont établis sans que le principe ne soit occulté.

---

1. Sur la synonymie du terme « vacuité » et de l'expression « production inter-dépendante », rien n'est plus probant que cette célèbre stance de Nâgârjuna : « J'appelle "vacuité" tout ce qui se produit en interdépendance. Celle-ci est donc une désignation relative, et c'est cela même que la Voie médiane. » *Stances de la Voie médiane*, XXIV,18.
2. « Faire disparaître » n'est pas « détruire » : c'est percevoir de plus en plus l'incon-sistance et les liens des choses en méditant sur leur vacuité, d'abord analytique-ment, puis contemplativement.

3. Le principe et les phénomènes se compénètrent totalement au point d'être non duellement deux.

En établissant ces vérités, il n'est pas une erreur qui ne soit chassée : à peine démontrées, elles réfutent tout ce qui devait l'être. La réalisation n'est possible qu'avec la fin des obstacles : ceux-là détruits, tout ce qui devait être prouvé est prouvé.

C'est ainsi que la réfutation de la démonstration de la réfutation n'est pas une réfutation et la démonstration de la réfutation de la démonstration n'est pas une démonstration. Démonstration et réfutation se saisissent l'une de l'autre et ensemble disparaissent sans plus d'autre séjour.

C'est précisément là que le *Soûtra de Lankâ* trouve son principe : démonstrations et réfutations en forment donc le principe et l'absence de séjour en sera la fin [1].

11. *Souveraine liberté du manifeste et du secret*

Il n'y a que deux types d'êtres dont les facultés fassent des vases dignes d'accéder au réel :
1. les simples
2. les complexes

1. Aux vases simples [le *Lankâ*] montre directement la substance du réel en provoquant méditation, réalisation et obtention du fruit.

2. Pour les vases complexes, il recourt à des paroles secrètes qui voilent les apparences, à des discours cachant de multiples intentions que l'on appellera l'intention secrète du présent soûtra lorsqu'il dit, par exemple, qu'entre les deux nuits le

---

1. Cf. *Entrée*, « Stances », 80, p. 319 : « De même qu'une mère dit à son petit pour qu'il ne pleure plus : "Regarde ! Dans le ciel, tous ces jolis fruits que nous allons cueillir", de même j'enseigne aux êtres différents fruits imaginaires qui, lorsqu'ils en auront joui, se révéleront libres de l'être et du néant. »

Bouddha n'a pas prononcé une seule parole, que les bouddhas sont tous les mêmes sous quatre aspects, que les cinq crimes à rétribution immédiate permettent de réaliser le grand Éveil, et nombre d'autres choses qui montrent que le présent enseignement est parfois direct et d'autres fois secret[1].

Le principe absolu ne se différencie pas en occulte et en manifeste : il l'est en fonction des sensibilités.

Les textes atteignent le nombre de quatre vingt quatre mille, dont le contenu peut se ramener aux cent huit questions du *Lankâ*[2], lesquelles peuvent à leur tour se ramener, telles les branches de l'arbre à leur racine, au seul esprit, comme si le retour à la seule nature de l'esprit ne restreignait en rien ces cent huit choses.

Si ces enseignements devaient se répandre en quatre vingt quatre mille textes, ils n'en perdraient pas leur égalité dans l'esprit un, si bien que la racine et les branches ne sont pas deux et communiquent totalement sans le moindre obstacle. De ce fait, le *Lankâ* a pour principe les enseignements directs et secrets, et pour fin leur commune abolition.

Les principes et les fins de la nature profonde présentent beaucoup de routes dont nous avons choisi les dix qui précèdent pour montrer, au plus bref, les principes et les fins du *Soûtra de l'Entrée à Lankâ*.

---

1. Pour mémoire, parfois le Bouddha s'exprime directement, et on peut le prendre à la lettre ; parfois il parle à mots couverts, et il faut l'interpréter. On imagine les «libertés» que cette approche aura produites. Dire que «le Bouddha n'a pas prononcé une seule parole» (*Entrée*, p. 163 et 164), c'est brandir la vacuité et la liberté du langage pour balayer le littéralisme ; dire que les bouddhas «sont tous les mêmes sous quatre aspects» (*Entrée*, p. 162), c'est encore brandir la vacuité du moi et des choses pour échapper à ce que Chögyam Trungpa appelle le «chimpanzé cosmique» ; enfin, préconiser les cinq crimes à rétribution immédiate (*Entrée*, p. 159), c'est, me semble-t-il, soulever le bodhisattva par les cheveux pour le placer «de force» sur le trône quintessentiel de l'Éveil.
2. Cf. *sup.*, p. 38, n. 3 et 4.

Chapitre VII

Explication du titre du soûtra

Cette explication se fera en dix points :

1. Traduction du titre sanskrit
2. Les quatre sens du mot *lankâ*
3. Ce nom [de Lankâ] révèle l'activité [du Bouddha] en deux points
4. Le titre [de ce soûtra] manifeste les qualités [de l'esprit d'Éveil]
5. Ce titre exprime trois choses
6. Ce titre exprime la pratique du discernement
7. Ce titre exprime un mystère
8. Analyse du titre en six points formant trois couples d'opposés
9. Synthèse
10. Explication de l'intitulé des chapitres

1. *Traduction du titre sanskrit*

Le sanskrit *lankâ* signifie « où il est difficile d'entrer, impénétrable », « périlleux », « redoutable » et « orné » ; *avatâra* signifie « entrer en descendant », parce que, en sanskrit, « entrer » se dit différemment selon que l'entrée se fait au terme d'une ascension ou bien d'une descente. Bref, le mot signifie ici « entrer en descendant » comme dans le cas du bodhisattva qui entre [dans le samsâra en descendant dans une matrice]. La version en quatre rouleaux traduit le mot comme [s'il signifiait *anuttara*,] «suprême», ce qui est faux. J'ai vérifié dans les originaux sanskrits et la version en dix rouleaux[1] sans y trouver [non plus] le sens de «précieux». Bodhiruci traduit le terme par «entrée», ce qui est correct.

2. *Premières explications des quatre sens du mot lankâ*[2]

1. *Lankâ*, au sens de «périlleux», désigne d'abord le mont Malaya qui dresse ses hauts escarpements au milieu de la mer du Sud[3].

2. Au sommet de la montagne, il y a une citadelle fermée sur elle-même et dépourvue d'ouvertures, d'où le nom de «où il est difficile d'entrer». Non seulement aucun sentier n'y mène mais la cité n'arbore ni portes ni vantaux. Seuls les êtres doués de pouvoirs extraordinaires qui savent voler peuvent s'y poser. D'où l'autre nom de la ville : «Impénétrable».

Le Bouddha et la grande foule [qui l'entoure] y font descendre leurs traces en réponse aux sensibilités [qui s'y trouvent] : tel est le sens du mot «entrée». Si bien que le titre du soûtra évoque une descente du ciel et l'accès en un lieu.

3. Ce lieu étant habité par les Râkshasas mérite le nom de «Redoutable».

4. Parée de tous les ornements, la citadelle mérite le nom d'«Ornée».

---

1. Les quatre rouleaux de la traduction chinoise de Gunabhadra et les dix rouleaux de celle de Bodhiruci.
2. Les quatre référents du phonème *lankâ* qui constituent le modèle de la métaphore.
3. Certains pensent que le mont Malaya est ici l'Adam's Peak, le point culminant de l'île de Sri Lanka. Si c'est le cas, on n'est pas vraiment au bord de la mer, mais le lieu est vénéré par toutes les confessions. Certains chrétiens y voient l'emplacement de l'Eden, par exemple. Fazang n'aura pas de mal à nous montrer combien cette «montagne», tout comme la «chambre» de Vimalakîrti, est symbolique.

3. *Ce nom [de Lankâ] révèle l'activité [du Bouddha] en deux points*

1. La citadelle est impénétrable mais le Bouddha est capable d'y pénétrer.
2. Les Râkshasas sont indomptables mais, ayant pénétré [dans leur ville, le Bouddha] les dompte. Les activités du fruit entraînent la résolution de ces deux difficultés, d'où le sens du titre comme « Soûtra de l'Entrée dans l'Impénétrable ».

4. *Le titre [de ce soûtra] exprime les qualités [de l'esprit d'Éveil]*

La nature véritable de l'esprit un ne correspond à aucun des quatre membres de quelque tétralemme que ce soit[1] ; elle se situe loin au-delà des émotions et de leur expression, comme l'illustre l'image de cette vertigineuse citadelle dépourvue d'ouvertures que qualifie bien le terme d'« impénétrable ».

Or [comme le Bouddha] y prend la parole pour, avec une éloquence consommée, proclamer l'accès à l'Éveil, on laisse entendre qu'elle est [malgré tout] « accessible ». Le présent [soûtra] explique le sens du mot « entrée » et, ce faisant, il en manifeste l'acte.

5. *Ce titre est trois fois symbolique*

1. La *citadelle* représente le mystère de l'absolu.
2. Les monstres *râkshasas* représentent les obstacles et résistances.
3. L'*entrée* exprime la pratique et l'accomplissement.

Quand pratique et accomplissement sont libres des obstacles que représentent les *râkshasas*, la réalisation [que représente

---

1. Elle correspond plutôt à l'union harmonieuse de ces quatre membres sans exception.

l'entrée dans] cette impénétrable citadelle a lieu en un triple renversement du support comme l'explique l'*Abhidharma*[1] :

1. L'accomplissement par renversement du support n'est autre que l'accomplissement qui résulte de la pratique.

2. L'élimination par renversement du support désigne l'élimination des obstacles.

3. La vision manifeste par renversement du support, c'est la réalisation de l'absolu.

Tel est le triple renversement du support que l'on retrouve dans le titre du soûtra.

6. *Ce titre exprime la pratique du discernement*[2]

La fusion dans l'essence de la vérité absolue du réel met un terme à tout calcul ou spéculation : y coïncident la sublime sagesse, le mystère de l'illumination et la réalisation merveilleuse. C'est bien ainsi que se pénètre l'impénétrable.

Le titre d'*Entrée à Lankâ* désigne donc l'accès à l'absolu par la sagesse primordiale.

---

1. 對法論中轉依略有三義... Cet *Abhidharma*-là est probablement un traité comme le *Yogashâstra* ou la *Somme du Grand Véhicule*. C'est d'ailleurs dans cette dernière que l'on apprend que le « renversement du support » (*âshrayapâravritti*) culmine dans la transmutation des consciences (*vijñâna*) en « aspects » de la sagesse primordiale (*jñâna*). Le « support » désigne les huit consciences dont le « renversement » révèle la nature sapientiale : dans l'ainsité (*tathatâ*), les cinq consciences sensorielles sont la sagesse de tout-accomplissement ; la conscience mentale est la sagesse du discernement parfait ; le mental sagesse de l'égalité de tout ; et la conscience fondamentale sagesse semblable au miroir. Cf. *Commentaire de la Somme du Grand Véhicule*, ch. X, « Le fruit en tant qu'élimination », T 1597, vol. 31, p. 369a et suiv. Dans la langue abrupte des « Stances » du *Lankâ* : « Par essence, le support des êtres animés dépasse toutes les imaginations. Par-delà connaisseur et connu, le renversement du support est libération. » « Stances », 1, p. 269 et 270.
2. Autrement dit de la Connaissance transcendante (phase n° 2 de la la dialectique fazangienne).

7. *Ce titre exprime un mystère*

La sublime sagesse de la réalisation intérieure a pour substance le réel et il n'est d'autre sagesse que celle-là qui puisse réaliser le réel. Voilà qui peut s'appeler «impénétrable». Le réel réalisé par la sagesse n'est autre que le réel même de cette sagesse[1] : il n'y a donc rien qui pénètre où que ce soit. Or là où l'on entre sans entrer, ce ne peut être que l'«impénétrable».

8. *Analyse du titre en six points formant trois couples d'opposés*

1. Opposition du général et du particulier : *L'Entrée à Lankâ* est le titre général du texte par opposition au titre du premier chapitre, «La requête [de Râvana]», qui contient la «table» de l'ouvrage.

2. Opposition de la lettre et du sens au niveau général que nous venons de voir : *L'Entrée à Lankâ* est le contenu et le sens de l'ouvrage, alors que *Soûtra* est le contenant et l'expression de ce sens.

3. Opposition de la sagesse et de ses objets au sein même du sens de l'ouvrage : le *Lankâ* désigne l'objet qu'il s'agit de pénétrer et l'*entrée*, la sagesse qui connaît son objet.

Voilà donc trois couples d'opposés qui apparaissent lorsqu'on analyse ce titre en ses trois éléments «soûtra», «entrée» et «Lankâ».

9. *Synthèse*

1. *Pénétration de l'impénétrable*

Cette pénétration de l'impénétrable met en avant un lieu inaccessible pour montrer les forces du Bouddha.

Elle manifeste les enseignements à partir de leur sens, de même que les qualités à partir de la vérité absolue, et encore, les

---

1. 還令即真之智證此即智之真。

pratiques à partir de leur objet : autant d'explications subjectives.

Si l'impénétrable est pénétré, la sagesse ne diffère pas de son objet : ce qui explique [le titre] sous l'angle de la fonction karmique du texte.

On extrapolera tant la difficulté de ce qu'il faut pénétrer que celle de la pénétration elle-même à partir des explications précédentes.

2. *Union de l'enseignement et de son sens*

Le soûtra qui explique comment on entre à Lankâ est l'enseignement fondé sur ce sens.

Si l'enseignement est dispensé une fois que l'entrée à Lankâ est effective, le titre du soûtra est [en quelque sorte] un nom de lieu : voilà une autre explication du point de vue subjectif.

Si, « n'ayant pas d'essence, le langage est libération [1] », comme l'enseignement n'est autre que son sens, ce titre s'expliquera en fonction de la causalité karmique du texte.

[Enfin,] si un [nom de] lieu peut exprimer un sens, le [mot] « soûtra » en tant que « lieu » s'expliquera par rapport à la fonction karmique du texte.

10. *Explication de l'intitulé des chapitres*

La « requête » de Râvana est une invitation à enseigner sous forme de supplique : Râvana invite le Bouddha à honorer les lieux de sa présence et là, il lui fera la requête de donner un cycle d'enseignements sur la réalisation intérieure.

L'objet de cette requête est l'illumination une : les bouddhas ont honoré ce lieu de leur présence et y ont enseigné le Dharma. Tel est l'objet de ce premier chapitre, d'où son nom.

Dans les autres soûtras, le titre de l'ouvrage est souvent le même que l'intitulé du premier chapitre : pourquoi n'est-ce pas ici le cas ?

---

1. Cf. *sup.*

À bien regarder la structure du texte, on voit que le premier chapitre en contient tous les principes [1] : les sujets abordés dans les autres chapitres leur ont donné leurs différents intitulés comme c'est le cas pour le *Soûtra des Ornements Fleuris* dont le [premier chapitre s'intitule] « Les Parures merveilleuses [des Seigneurs du monde] » [2].

Pourquoi le premier chapitre de la traduction en quatre rouleaux s'intitule-t-il « Cœur des paroles de tous les bouddhas [3] » ?

À en croire le soûtra, cette partie du livre est le cœur même des enseignements du *Lankâ*. L'expression « paroles du Bouddha » vaut pour ce qu'il aurait été plus correct de traduire par « enseignements du Bouddha [4] », puisque dans le *Lankâ* enseigné par les bouddhas, ce premier chapitre contient les merveilles centrales et essentielles du texte [5].

Ici, « cœur » ne signifie pas « conscience » mais « concentré » comme dans le « Soûtra du Cœur » de la Connaissance transcendante [6]. En fait, le titre du premier chapitre de la traduction de Gunabhadra est un sous-titre valable pour l'ensemble du texte et non pour une seule de ses parties.

---

1. Que tout est esprit, etc.
2. 世主妙嚴品。
3. On se rappellera que Gunabhadra n'a pas traduit « La requête de Râvana », partie du *Lankâ* qui n'existait probablement pas encore, et que son premier chapitre est consacré aux « cent huit questions » où pourrait être le « cœur » des enseignements « lankaïens » du Bouddha.
4. À partir du sanskrit *shâsana* plutôt que *vâcana*.
5. Ce qui vaut tant pour la version de Shikshânanda où la « Requête » résume tous les enseignements sur l'esprit, que pour celle de Gunabhadra où le Bouddha passe les « cent huit questions » au crible de la *prajñâ* (dialectique phases 2 et 3).
6. Le chinois *xīn* 心 traduit les termes sanskrits *citta* (conscience) et *hridaya* (concentré). Le « *Soûtra du Cœur* », qui se concentre sur les quatre modes d'union de l'apparence (matière-esprit) et de la vacuité, a été traduit à maintes reprises en français. On en trouvera cinq versions dans le *Soûtra du Diamant…* Cf. Bibliographie.

Chapitre VIII

Originaux sanskrits et traductions chinoises

1. Nous n'avons connaissance que de trois originaux :

La grande recension en 100 000 « chants » dont les *Annales des Trois Joyaux de l'ère Kaihuang* font mention en précisant que dans les montagnes du royaume de Zhejupan, au sud de la cité de Khotan, sont conservés dix grands soûtras de chacun 100 000 chants, dont le *Lankâ*[1].

La recension suivante se compose de 36 000 chants traduits en 36 000 *jì*[2]. Le texte est divisé en chapitres qui apportent des réponses détaillées aux « cent huit questions ». Il semblerait que le maître des Trois Corbeilles Amitâbhagiri du Tokhara ait lui-même reçu ce texte dont il était le détenteur.

La recension courte est composée d'un millier de chants et intitulée en sanskrit *Lankâ-hridaya*, ce qui signifie « Cœur du *Lankâ* ». Cette version du texte était appelée « Cœur-*qiánlítài*[3] »

---

1. Il semblerait que ces cinq fois cent mille chants, ainsi que les versions plus courtes, soient purement « mythiques » – voire « hiérohistoriques ». Plus bas, Fazang parle de « cinq originaux sanskrits », ce qui nous ramène à la réalité « matérielle » que le contenu des textes aurait tendance à nous faire oublier…

2. Les *jì* 偈 sont théoriquement des *gâthâs*, des quatrains composés de vers de 3 à 8 syllabes : je ne connais aucune version chinoise du *Lankâ* qui serait composée de 36 000 quatrains…

3. Le chinois *qiánlítài* 乾栗太 est sensé transcrire phonétiquement le sanskrit *hridaya*.

en chinois, ce qui est erroné. Le texte en quatre rouleaux a été surabrégé en traduction chinoise [1].

2. Pour ce qui concerne la transmission et la traduction de cette version en quatre rouleaux, on la doit à Gunabhadra, maître indien des Trois Corbeilles, qui la réalisa au cours des années Yuanjia des Song (424-453) au monastère Qihuan de Danyang. Le *shramana* Baoyun en a « transmis » le texte que Huiguan a reçu au pinceau [2].

La version en dix rouleaux a été traduite pendant le règne des Wei postérieurs [3] au monastère Yongning-si de Luoyang par Bodhiruci, maître indien des Trois Corbeilles [4].

La traduction ici commentée a été entreprise lors de la première année de l'ère Shengli des Grands Zhou (698), par Shikshânanda, maître khotanais des Trois Corbeilles, après qu'il eut traduit [le cycle des] *Ornements Fleuris* au monastère Foshouji de la Divine Capitale [5]. Il reçut soudain l'ordre

---

1. 其四卷本就中人更重略之耳。Je ne sache pas non plus que la version de Gunabhadra comporte « un millier de chants 頌 ».

2. Originaire de Liangzhou à l'orée du Désert, Baoyun (356-430) commence par voyager en « Occident » dans l'entourage des grands « pèlerins » Faxian et Zhiyan. Il découvre l'Inde et ses langues. De retour à Chang'an, il entre au service du maître de méditation Buddhabhadra qui l'initie au Chan. Il s'installe alors au Daochangsi à Gauche du Jiang où il participe à des traductions du sanskrit en chinois. Son œuvre de traducteur est comparable à celle de Zhu Fonian, qui travaillait dans le Guanzhong au service des Qin du clan Yao. Cf. 梁僧傳 III. Originaire de Qinghe, Huiguan (mort en 430) est moine dès son plus jeune âge. Il entre dès l'an 400 au service de Kumârajîva pour qui il travaillera au « bureau de traduction » avec des moines éminents comme Sengzhao et Daosheng. Il terminera ses jours au monastère Daochang-si de Chang'an. Spécialiste du *Lotus*, il est le premier à spéculer sur l'Éveil *subit*, et c'est peut-être cela qui l'amène à collaborer à la traduction chinoise du *Lankâ*, soûtra où l'Éveil n'est pas présenté comme le résultat d'une progression mystique immuablement réglée. Cf. *Entrée*, ch. IV : « … En vérité absolue, il n'y a pas d'ordre de progression dans les terres… », p. 227.

3. Et achevée en l'an 513.

4. Sur Gunabhadra, Bodhiruci et Shikshânanda, on se reportera à l'introduction de la traduction du *Soûtra de l'Entrée à Lankâ*, p. 20 à 23.

5. 神都, ainsi que la future impératrice avait renommé Luoyang 洛陽。

impérial de retraduire le *Lankâ*. Il n'en avait pas encore fini quand il dut rentrer à la Capitale où il s'installa au monastère Qingchan-si, non loin du palais et de la cour. Il avait alors achevé le premier jet de la traduction mais ne l'avait pas encore corrigé quand on lui permit de repartir pour l'étranger.

La deuxième année de l'ère Chang'an (702), le maître des Trois Corbeilles Amitâbhagiri arriva du Tokhara. Il avait séjourné vingt-cinq ans en Inde où il avait étudié l'intégralité des Trois Corbeilles, et il excellait tout particulièrement dans la connaissance du *Soûtra de l'Entrée à Lankâ*.

Un nouveau décret impérial lui ordonna de corriger le brouillon [de Shikshânanda] avec l'assistance de moines traducteurs comme Fuli et Fazang. Fuli mit un point final au texte et l'Impératrice en composa la préface pour rendre hommage à ce travail[1].

La version du *Lankâ* en quatre rouleaux est fort incomplète. Écrite dans une langue calquée sur l'original, si nos sages les plus éminents eux-mêmes ont grand-peine à en extraire le sens, il va sans dire que les êtres ordinaires et les sots ne peuvent que se tromper en la lisant.

Quant à la version en dix rouleaux, bien que relativement plus complète, il n'est pas facile d'y reconnaître l'intention du Saint car elle souffre d'un grand nombre d'additions [du traducteur] qui en souillent la lecture, à tel point que les clairs raisonnements qui émaillent le texte s'empâtent dans l'exo-

---

1. Sur l'impératrice Wu Zetian, on pourra lire l'essai de Lin Yutang, *L'impératrice de Chine*, traduction de Christine Barbier-Kontler, Arles, Picquier Poche, 1990-1994. On notera que Wu Zetian n'était pas impératrice en tant qu'épouse principale de l'empereur mais en tant qu'empereur elle-même. Obsédée par le «renseignement» autant que titillée par la sagesse, il eût été parfait qu'elle vît dans l'empire la dimension absolue et en elle-même le bouddha Vairocana si elle n'avait pas confondu l'esprit d'Éveil et la raison d'État.

tisme de la langue. C'est donc pourquoi notre impératrice[1], qui se morfondait à l'idée que ce soûtra ne pût être compris, ordonna qu'on le traduisît une autre fois.

Pour ce faire, cinq originaux sanskrits ont été consultés à l'occasion d'une relecture critique des deux versions chinoises dont le meilleur a été repris et les erreurs corrigées. L'œuvre s'améliorant au fil des âges, l'impériale volonté s'est trouvée accomplie : que tous ceux qui étudient ce texte aient le bonheur de ne plus y trouver d'erreurs [portant à conséquence][2] !

---

1. Cette femme singulière, à qui l'on doit aussi bien le supplice de la cangue que les sculptures de Longmen, fut *aussi* une grande protectrice de Fazang, ainsi qu'en témoignent les épisodes du lion d'or et de la salle des miroirs. Cf. Magnin (2005), p. 54 à 56.
2. 訛謬 : J'imagine que Fazang, concerné au premier chef par cette traduction, s'exprime sur le ton des vœux – et non de la vantardise. On trouvera dans les premières pages des *Studies* de Suzuki toutes les explications relatives à ce chapitre.

Chapitre IX

Les enseignements du Soûtra de l'Entrée à Lankâ

I. Les enseignements
II. Leur expression [1]

I. Les enseignements qui forment le contenu de ce texte sont autant d'innombrables vérités dont nous pouvons ramener l'essentiel à dix points [2] :

1. Production interdépendante, vacuité et être
2. Racines et ramifications des consciences
3. Vérités et erreurs à propos de la substance de la conscience
4. La conscience fondamentale et les semences
5. Omniprésence de la nature de bouddha [3]
6. Conversion des adeptes des deux véhicules inférieurs
7. Pratiques et niveaux en déploiement et en repli
8. Les voiles, non plus que leur antidote, ne peuvent rencontrer d'obstacle

---

1. On aurait tort de chercher cette « expression » ailleurs que dans le texte du soûtra lui-même.
2. Ou « portes » 門 – indiquant toujours cet « accès » au réel, comme si ce « déplacement » était réellement possible.
3. Universalité de l'essentielle bouddhéité de chaque être animé et omniprésence du « fondement du samsâra et du nirvâna », le lieu même de la naissance et de la mort de tous les processus de réalité (*dharmas*).

9. Liberté du rêche et du lisse
10. Que le fruit de bouddhéité est toujours présent

1. Production interdépendante, vacuité et être

Le premier point porte sur la nature de la production inter-dépendante. Ici, aussi bien dans le sud que dans le nord de la Chine, chaque maître admet la vacuité, sinon l'être, sans percevoir leur unité.

N'empêche que Bhâvaviveka, maître de shâstra occidental versé dans les principes de Nâgârjuna et de ses disciples grâce à sa connaissance de la *Prajñâpâramitâ* et d'autres textes, composa des traités comme la *Lampe de la Prajñâ* et le *Joyau dans le creux de la main*, où il démontre irréfutablement la vacuité des réalités dépendantes en recourant au raisonnement déductif[1].

S'appuyant essentiellement sur le *Soûtra du Dévoilement du sens profond*, des maîtres de shâstra comme Dharmapâla se sont imprégnés des théories émanant d'Asanga et de ses disciples pour produire des traités comme la *Conscience-Seulement*, recourant pour ce faire au raisonnement déductif qui met en évidence la non-vacuité des réalités dépendantes. Les savants

---

1. Si les Tibétains devaient parler de lui, ils diraient peut-être que Fazang est à sa manière un adepte de la Voie médiane, certes, mais de ceux qui avancent des idées positives directement puisées dans la pratique visionnaire (*yogâcâra-svâtantrika*) et pour qui «nature de bouddha» est synonyme de «vacuité essentielle de l'esprit». Pour ceux qui veulent bien croire que Nâgârjuna vécut six cents ans, il était déjà âgé de cinq siècles quand Asanga vint au monde. «Celui-ci, écrit J. Hopkins, atteignit la troisième terre des bodhisattvas au cours de son existence, alors que Nâgârjuna en était à son troisième cycle d'enseignements, et il fonda le système de l'Esprit-Seulement (Cittamâtra). Il faut bien qu'il en ait été ainsi puisque Nâgârjuna réfuta la réalité absolue de l'"esprit seulement" dans son *Commentaire sur l'Esprit d'Éveil* (*Bodhicittavivarana*). Asanga commenta alors le *Soûtra du Dévoilement du sens profond* selon la doctrine de l'Esprit-Seulement dans ses cinq traités sur les terres et ses deux compendiums. Toutefois, dans son commentaire du *Continuum insurpassable* de Maitreya, il explique le *Soûtra Requis par le roi Dhâranîshvara* et le *Soûtra de la Nature de bouddha* à la façon prâsangika [, cette logique de la réduction à l'absurde,] qui s'avère être son système ultime...» *Meditation on Emptiness*, p. 359.

qui suivirent, tels Jñânaprabha et Shîlabhadra, développèrent cette idée, en répandant le parfum sans que rien ne l'arrête – mais ce n'est plus le cas de nos jours[1].

Auparavant, Asanga lui-même avait commenté la vision médiane de Nâgârjuna, tandis que Vasubandhu glosait et commentait le *Traité en Cent Stances* d'Âryadeva[2].

Les explications de Nâgârjuna permettent de comprendre que l'être n'est pas différent de la vacuité, tandis que celles d'Asanga montrent clairement que la vacuité ne diffère point de l'être. C'est ainsi que les pensées de ces deux éminents personnages coïncident mystérieusement en formant une unité parfaite : ce ne sont pas seulement deux théories contradictoires qui ne présenteraient aucun conflit entre elles. Autrement dit encore, c'est à Nâgârjuna que revient le vénérable titre d'*âcârya*[3].

[Mais] par la suite, les maîtres de shâstra, devenus chiches, avec le temps, en matière de connaissance, virent dans la vacuité la fin de la causalité karmique[4] et dans l'être une instance absolument distincte de la vacuité[5].

---

1. Asanga convertit son "frère" Vasubandhu au Grand Véhicule, et celui-ci produisit les textes les plus pointus sur l'Esprit-Seulement où la vacuité est avant tout celle de la distinction fictive du sujet et de l'objet de l'expérience. Dharmapâla et ses disciples – jusqu'à Xuanzang – ont raffiné le système jusqu'à la description de la quadruple substance de la conscience – que Fazang abordera plus bas. Le troisième patriarche du Huayan déplore justement l'extrêmisme de certains Cittamâtrins chinois qui pèchent par substantialisme en croyant à la réalité de « certaines parties de l'esprit », telle la malédiction des *icchantikas*, ces êtres originellement promis à ne *jamais* atteindre la bouddhéité.

2. À présent, Fazang synthétise les deux courants de pensée précédents en rappelant qu'Asanga est un grand commentateur de la Connaissance transcendante – à en croire son « Ornement de la réalisation », l'*Abhisamayâlamkâra* –, autant que Nâgârjuna connaît la claire lumière essentielle de l'esprit, comme le montre sa *Louange de la Dimension absolue* (*Dharmadhâtustava*).

3. Nâgârjuna, ou plutôt sa Voie médiane, représente le fond de la pensée bouddhiste, selon Fazang et nombre d'autres penseurs mystiques bouddhistes.

4. Autant dire une invite au relâchement des mœurs.

5. L'objection est très ancienne, qui n'admet pas que de causes illusoires puissent émerger d'illusoires effets – et pourtant, comment pourrait-il en être autrement ? Quant à l'être contraire de la vacuité, c'est une chimère : la vacuité désigne la pro-

En conséquence, Bhâvaviveka réfuta l'être en tant que
[simple] contraire de la vacuité pour retrouver sa vacuité en
le déconstruisant, permettant ainsi à l'être en tant que vacuité
d'être clairement perçu sans rien perdre de la causalité karmique.

Dharmapâla et ses disciples réfutèrent la vacuité en tant
qu'élimination pure et simple de l'être, en démontrant irréfutablement la causalité karmique de façon que la vacuité en tant
qu'être puisse apparaître sans que l'essence du réel s'en trouve
occultée.

Réfutant l'un comme l'autre extrême, ces deux éminents
personnages ont mis en évidence la «Voie médiane» en prouvant plutôt la vérité l'un de l'autre qu'en se réfutant mutuellement[1]. S'il n'en avait pas été ainsi, pourquoi Asanga et
Vasubandhu n'auraient-ils pas réfuté les théories de Nâgârjuna
et de ses disciples, plutôt que d'expliquer la vacuité dont ces
derniers parlaient et d'en faire l'éloge?

Par la suite, ne comprenant plus le sens de ce qu'ils voulaient
dire, on s'en est tenu à la lettre de leurs textes pour croire à
leur incompatibilité et en faire grand cas sans se contenter de
ne rien percevoir de leur logique[2] : ce qui ne fit qu'augmenter
les disputes où l'on commit la faute de médire de l'homme[3] et
du Dharma.

C'est pourquoi, par crainte de la vacuité et de l'annihilation,
certains emploient toutes leurs forces à prouver l'être[4] parce

---

duction interdépendante. Quel pourrait être le contraire de la production *interdé*-
pendante? La production *indépendante*? La génération spontanée? Chimère…
Dans les paragraphes suivants, Fazang rappelle que la déconstruction de l'être 盡
蕩 n'en est pas la destruction (impossible) : elle consiste à reconnaître qu'aucun
étant n'est jamais né, ce qui constitue un retour à la vacuité de l'apparence 歸
空. De même rappelle-t-il que cette vacuité n'est pas un non-être, ni une variété
colorée de néant, mais le sens du jeu des interdépendances, le réel en acte.
1. N'est-ce pas la meilleure façon d'apaiser tous les conflits?
2. *Se critiquer* activement et pas seulement «ne rien comprendre». Triste exemple
des désaccords profonds entre Paramârtha et Xuanzang.
3. Le Bouddha et la Communauté (*sangha*).
4. Un «être» non heideggerien, s'entend.

qu'ils n'ont pas l'intuition que l'illusion de l'être est un être ne différant pas de la vacuité[1]. Les voici donc qui, déviant de la vacuité, se perdent dans l'être [contraire du non-être]. Or celui qui se perd dans l'être ne connaît de l'être que ce qu'il s'en approprie, si bien que ses preuves de l'être sont ce qui surnage une fois qu'il s'est perdu tant dans l'être que dans la vacuité.

Cet être [que l'on croit ainsi prouver] est un être d'émotion et non l'être [du] réel : comment, alors, ne « médirait-on » pas tout à la fois du réel en tant que vacuité et de l'illusion de l'être ? Taxer d'enseignement du Bouddha les opinions que l'on se fait, émotionnellement, à propos de [la réalité de] l'être, cela revient à médire du Bouddha.

Sachez qu'il en va de même lorsqu'on démontre la vacuité en la cherchant ailleurs que dans l'être. La vacuité réelle ne doit pas être autre chose que l'être. Appeler « vacuité réelle » le vide nihiliste qui résulte de l'abolition de la matière, c'est s'approprier la vacuité sans voir son erreur en taxant d'enseignement du Bouddha cette incompréhension de la vacuité réelle au sein de la nature [des choses] : et là encore on médira tant de l'homme que du Dharma.

Certains disent que, puisque les réalités dépendantes existent, le néant est impossible, et puisque les réalités imaginaires sont vides, l'être ne se peut pas. Ils prétendent alors détenir la Voie médiane. Or si ce qu'ils *disent* n'appartient ni à l'être ni au non-être, ce qu'ils *voient* est encore sujet à l'être et au néant, et c'est ce dualisme dont ils ne se sont pas défaits qu'ils qualifient de Voie médiane en médisant une fois encore de l'homme et du Dharma.

Pour d'autres, le néant nihiliste est « non-être » et ce qui n'a pas de contraire « non-néant[2] ». Voilà encore une théorie qui se

---

1. « Être » ne s'oppose pas à « vacuité » comme à « non-être ». La vacuité, qui est l'état naturel de toutes choses, revient à l'intégration même des quatre membres du tétralemme de l'être et du non-être par-delà toute idée de contradiction.
2. 斷無名為非有，無有可對名曰非無 : je ne comprends pas.

passe de l'être et du néant fondée sur une vision nihiliste du réel.

Pour d'autres enfin, ce qui naît en interdépendance ressemble à l'être et n'est donc pas néant, mais cela est dépourvu de substance réelle, et n'est donc pas être. Voilà encore un discours libéré de l'être et du néant qui succombe toutefois à la vue de l'être conventionnel.

Ces deux dernières explications ne sont que des modifications du langage qui ne réfutent aucune opinion. Mieux vaut déconstruire la substance de l'illusion de l'être formée en interdépendance pour que, dans son immédiateté, l'être ne soit pas être ; [et dans le même temps] voir dans la vacuité réelle de cette déconstruction l'illusion de l'être [elle-même] pour que, dans son immédiateté, la vacuité ne soit pas vacuité. Puisque l'être qui est vacuité, c'est la vacuité qui est l'être, [tout] disparaît dans la saveur unique de la Voie médiane, et celle-ci est libre de tous les extrêmes puisque la vacuité de l'être n'est autre que l'être de la vacuité. Ainsi, ce qui ne relève pas de l'être ne tombe pas dans le « vacuisme », et ce qui ne relève pas du non-être ne tombe pas non plus dans la croyance inverse, l'« essentialisme ». Voilà bien comment ces deux visions s'abolissent.

Or donc, la substance de la réalité non duelle est telle qu'abondamment décrite au chapitre de « L'accès au Réel dans la non-dualité » [du *Soûtra de la Liberté inconcevable*][1].

Voilà comment il convient de comprendre la production interdépendante, la vacuité et l'être.

2. RACINES ET RAMIFICATIONS DES CONSCIENCES

En deux points :
1. Les deux parts
2. Les huit consciences

---

1. Neuvième chapitre du *Soûtra des Enseignement de Vimalakîrti*, p. 133 et suiv.; commentaires de Kumârajîva, Sengzhao et Daosheng dans *Introduction aux pratiques de la non-dualité*, p. 385 à 398.

Les enseignements du Soûtra de l'Entrée à Lankâ

1. *Les deux parts*[1]

Pour certains maîtres de shâstra, la part «vue» et la part «voyante» *naissent* chacune d'une semence différente et *apparaissent* l'une de l'autre[2] : comme elles ne quittent pas [un instant] la conscience [pour ce faire], ils disent que tout est «esprit-seulement».

D'autres disent que la part vue est une manifestation de la part voyante sans qu'il faille d'autre semence, puisque, disent-ils, les objets de la conscience ne sont que des manifestations de la conscience, à l'instar des images activées par le samâdhi[3].

Comme on peut le lire dans un soûtra :

«Nées de l'esprit, elles apparaissent à l'esprit[4].»

Si bien que cette [part] vue est une interprétation qui fait suite à l'acte de la part voyante.

Selon le présent soûtra, ces [deux parts] sont des perceptions au sein de l'esprit. C'est simplement par rapport à leurs différences qu'on leur attribue des semences distinctes. Dans la réalité de l'absolu, elles ne sont point autres que la part voyante[5].

---

1. Cf. Wei Tat, p. 11, § 4, 1ère réponse (Dharmapâla et Sthiramati). Pour mémoire, l'acte de conscience est la polarisation de la substance aperceptive (*svasamvitti*) en signe (*nimitta*) et vision de ce signe (*darshana*), appelés en chinois «part vue 相分» et «part voyante 見分». Ces deux parts sont à l'œuvre à chaque instant de chaque conscience : c'est ainsi qu'ont lieu percevoir, penser et intégrer. Il faut comprendre que ces deux pôles de la conscience ne sont pas deux entités différentes, et qu'elles sont seulement de la conscience. Le secret de la conscience réside dans l'aperception en tant que réalisation intérieure.
2. Bien noter la différence entre *naître* et *apparaître*.
3. Autrement dit les perceptions visuelles, sonores, etc. qui forment comme des effets secondaires de la concentration sur tel ou tel objet de méditation recourant à la visualisation détaillée de squelettes, par exemple. Voir, par exemple, *La Concentration des bodhisattvas* de Vasumitra *et al.*, textes collectés et traduits en chinois par Kumârajîva, où l'on trouvera d'innombrables descriptions de visualisations-visions proprement surréalistes.
4. 從心相生與心作相。 Non localisé.
5. Autant dire la claire lumière de l'aperception. Ce qui est le point de vue de

2. *Les huit consciences*

On peut lire dans les traités que, même prenant appui sur la huitième conscience, les sept premières consciences naissent chacune de sa propre semence[1] et non de la huitième [conscience] puisque il s'agit de modifications psychiques au sein de la psychè et que ces activités sont irréelles.

Dans le *Soûtra de Lankâ,* il n'est pas dit que la huitième conscience se métamorphose dans les sept autres mais que ces dernières apparaissent ayant pour substance la huitième[2], de même que c'est l'eau qui fait les vagues et que celles-ci n'ont pas d'autre substance que l'eau.

Le passage du soûtra qui dit que «la conscience fondamentale [est] un océan qu'agite le vent de la sphère des objets en soulevant la houle des consciences dérivées[3]» nous permet de savoir que les [sept premières consciences] ont toutes la huitième pour substance.

Si ce n'était pas le cas, les vagues auraient-elles une autre substance que l'eau? Les vagues et la houle sont des comparaisons [parfaitement appropriées, ainsi qu'] une réflexion approfondie permet de le constater.

On comprendra de même que les autres théories ne sont que des variantes de celle-ci.

Sthiramati pour qui il est logique que la dimension absolue du réel se passe de la séparation du sujet et de l'objet.

1. Une semence (*bîja*) est un «contenu de conscience» (*caitta*), le contenu (*artha*) de la part voyante de l'instant de conscience précédent tant qu'il ne s'est pas remanifesté par rétribution. Ce contenu s'intègre au courant de la conscience fondamentale et se laisse imprégner par les informations suivantes jusqu'à ce que toutes les conditions soient réunies pour qu'il soit récupéré et joint aux ingrédients d'une expérience.

2. Elles sont aperception pure, elles aussi, l'aperception qui consiste à savoir qu'un «signe» est «vu». Cette sagesse n'apparaît pas à l'instant suivant la vision; la vision n'en est pas la cause; cette sagesse est la substance même du voir, ce par quoi connaître permet de connaître – un abîme de clarté.

3. *Entrée,* p. 34.

3. VÉRITÉS ET ERREURS À PROPOS DE LA SUBSTANCE DE LA CONSCIENCE

Pour certains, la huitième conscience naît de différenciations substantielles des semences karmiques. C'est une conscience de rétribution conditionnée, pourvue d'une naissance et d'une cessation, ainsi que l'enseignent des traités comme le *Yogashâstra*[1].

Pour d'autres, la conscience est le produit de la nature de bouddha telle qu'elle obéit aux circonstances, de même que l'or dont on fait des bagues et d'autres bijoux.

Le *Ghanavyûha* le dit bien :

« La très-pure nature de bouddha dans le monde est l'*âlaya*,

De même que l'or et la bague ne sont pas différents l'un de l'autre[2]. »

On comprend par là que, en tant que substance, la huitième conscience est ainsité.

Il y a deux façons d'expliquer comment ces deux théories se combinent.

1. Dans le réel
2. Dans les enseignements

1. Dans le réel les racines et les ramifications de cette conscience se dissolvent les unes dans les autres. Ce qu'approchent les quatre propositions suivantes :

---

1. Par exemple, « la conscience fondamentale naît et meurt d'instant en instant en fonction de ses objets, et il faut savoir que, succession ininterrompue d'instants, elle s'écoule et évolue sans unité ni permanence... » *Yogashâstra* LXI, T 1579, vol. 30, p. 580a.
2. T 682, vol. 16, p. 776a.

1. En allant des racines aux ramifications : ce qui ne s'applique qu'aux réalités conditionnées pourvues d'une naissance et d'une cessation.

2. En remontant des ramifications aux racines : ce qui permet de ne plus éprouver que l'égalité, ou la saveur unique, de la nature de bouddha.

3. Dans l'absence d'obstacles entre les racines et les ramifications, comme on le lit dans la *Naissance de la foi* :

« Ce qui ne naît ni ne cesse confondu avec ce qui naît et cesse sans être les mêmes ni différents, cela porte le nom de conscience fondamentale [1]. »

4. Notre soûtra le dit aussi :

« C'est la nature de bouddha qui éprouve le plaisir et la douleur quand les causes en sont toutes réunies en donnant l'impression de naître et de cesser [2]. »

Ce qui permet de voir que l'union des racines et des ramifications est la substance même des activités [de la nature de bouddha appelée conscience fondamentale].

Disparition tant des racines que des ramifications
Leurs formes se détruisent mutuellement sans que le principe absolu et les phénomènes perdent tout lieu de séjour.

Le soûtra explique :

« L'indestructible revêt huit aspects

Dont le sans-caractéristiques n'est pas une autre caractéristique [3]. »

Explication : Ces quatre propositions se combinent dans l'esprit un, ce qui permet aux soûtras et aux shâstras d'avancer l'unité [des racines et des ramifications de toutes choses].

---

1. Cf. trad. C. Despeux, p. 113.
2. 如來藏受苦樂與因俱，若生若滅。Traduction de Gunabhadra, rouleau IV, p. 512b16.
3. 不壞相有八。無相亦無相等。Traduction de Gunabhadra, rouleau I, ch. II, p. 484b21. Cf. Nan Huaijin, p. 78 et 79. L'indestructible désigne la nature de bouddha et les huit aspects sont les huit consciences.

À voir comment l'or ne se perd point quand on en fait des bijoux, on comprendra que les racines et les ramifications sont des garanties mutuelles et qu'elles ne se séparent pas dans les réalités. Quand disparaissent tant leur essence que leurs attributs, il n'est plus rien pour les opposer. Il est impossible de ne pas le constater, disent les enseignements, dans la fusion qui a lieu alors au sein de l'esprit vide, tandis que les obstacles naissent au contact des choses lorsqu'on s'attache à la lettre des enseignements.

2. *Dans les enseignements*

1. Il y a ceux qui connaissent le mot *âlaya* sans en connaître le sens, comme dans le Petit Véhicule où l'on ne fait qu'en prononcer le nom.

2. Il y a ceux qui en connaissent le nom et l'aspect de naissance et de cessation, comme l'explique le *Yogashâstra*.

3. Il y a ceux qui en connaissent le nom et tous les aspects, tels que les expliquent des textes comme le *Lankâ*, le *Ghanavyûha* ou la *Naissance de la foi*.

4. Il y a enfin ceux qui, en ayant perçu le sens, en oublient le nom, comme dans le *Lankâ* et les textes du même niveau, ou comme Vimalakîrti qui garde le silence pour montrer la non-dualité [1].

---

1. Le *Lankâ* fait toujours la différence entre les mots et les choses, comme dans cette stance du chapitre III (*Entrée*, p. 188) : «J'ai deux formes d'enseignements : verbaux et conformes au réel. Aux ignorants je m'explique avec des mots ; aux pratiquants je réserve le réel» – dans l'oubli des mots. Fazang se place ici du point de vue de la méthode «subitiste» dont le «tonitruant silence de Vimalakîrti» est un exemple des plus... parlants. Cf. *Soûtra de la Liberté inconcevable*, p. 141-142, et, pour mémoire, cette exclamation de Mañjushrî : «C'est seulement avec la fin des mots qu'on accède vraiment au Réel dans la non-dualité!»

4. La conscience fondamentale et les semences

1. Les semences sont-elles des imprégnations qui se renouvèlent ou bien sont-elles présentes depuis toujours?

2. Les semences et la conscience [fondamentale] sont-elles les mêmes ou différentes?

1. Pour certains, les semences sont des imprégnations qui se renouvèlent parce qu'il n'y a pas de produit sans producteur.

2. Pour d'autres, elles sont présentes depuis toujours puisque [la conscience fondamentale] existe depuis des temps sans commencement et n'a donc pas de point d'origine.

3. Pour d'autres enfin, les semences sont des imprégnations et des non-imprégnations comme les semences non polluées puisqu'elles forment des schémas habituels depuis l'absence de commencement, et que, si elles ne sont pas présentes depuis toujours, ces [semences] non polluées naîtraient sans cause.

Cette position [ambiguë] est injustifiable et n'échappe pas à l'erreur.

Ladite erreur est triple :
1. Vues ainsi, les semences sont nécessairement permanentes puisqu'elles ne sont pas des objets de transformation, à l'image de l'espace.

2. Elles ne peuvent absolument pas produire de fruit puisqu'elles ne naissent pas de causes, à l'image de l'ainsité.

3. Elles évoquent les voies non bouddhistes pour qui l'illumination «tombe du ciel», puisque tomber du ciel, ce n'est pas naître d'une cause.

Voilà les trois erreurs auxquelles cette troisième thèse n'échappe pas.

Les enseignements du Soûtra de l'Entrée à Lankâ

L'ignorance, qui n'a pas de commencement, et la nature de bouddha, sont unis pour former un «océan d'habitudes[1]», lequel est la cause tant des réalités impures que des réalités pures, si bien que chaque semence mérite d'être abordée sous quatre angles.

1. En tant que contenu [de la conscience fondamentale], elle exprime une activité originelle et non renouvelable.

2. En tant que contenant, elle exprime une activité nouvelle et non ancienne.

3. La réunion des deux thèses précédentes.

4. Contenant et contenu participent de la même substance; aspects et antithèses se trouvent abolis; en conséquence, il n'est plus de raison de trouver contradictoires les propositions les plus variées à leur sujet – qu'elles résultent d'imprégnations ou non, qu'elles soient complètes par elles-mêmes ou non, et ainsi de suite.

Par ailleurs, le réel entaché d'illusoire au sein de l'océan des habitudes porte le nom d'«Éveil fondamental[2]»; c'est la cause

---

1. 習氣海 : l'expression vient apparemment de Fazang. Elle n'est pas sans évoquer l'*âlaya* du bouddhisme tibétain. Cf. Kangyur Rinpoché (*Quintessence de l'ambroisie*, 34/4) : «La nature de l'esprit est inconditionnée mais "quelque chose" la voile ou l'occulte, quelque chose d'absolument indifférencié tenant lieu de support ou de terrain à l'entière variété de nos schémas habituels ou prédispositions karmiques, le "fond universel" (*âlaya*). Celui-ci étant neutre, c'est bien de l'ignorance co-émergente qui s'y trouve ou qu'il recèle que s'élèvent la clarté et la pure conscience qui, telle la limpidité du miroir, constituent la "conscience du fond universel" (ou "conscience fondamentale", *âlayavijñâna*), l'espace et l'ouverture mêmes des fluctuations particulières aux sept autres consciences. D'entre ces consciences, la conscience mentale désigne la perception des objets au sens large. La conscience émotionnelle [le "mental", *manas*] consiste intérieurement en croyance au moi et extérieurement en jugements d'existence et de valeur. La conscience visuelle est la perception des formes, et ainsi de suite pour les quatre autres sens, dont le dernier, le toucher, assure la perception des tangibles, ou conscience tactile. Ces cinq consciences sensorielles et la conscience mentale jaillissent du fond universel et ce jaillissement provoque l'accumulation des actes, ou du karma, même si, en soi, les consciences ne sont pas productrices de karma...»

2. L'Éveil fondamental 本覺 est l'état naturel, voire la substance même de l'esprit,

des réalités non polluées dont les imprégnations habituelles d'écoute abondante forment les conditions dominantes. Les imprégnations d'étude s'unissent à l'océan des habitudes pour former la cause unique des [réalités] non polluées [1].

Dans le *Traité des Liang* [2] on lit :

« Le fait d'écouter beaucoup d'enseignements crée des habitudes qui, unies à l'intelligence intrinsèque de la conscience fondamentale, forment la cause de tous les êtres sublimes. »

Et encore, l'erreur entachée de réel au sein de l'océan des habitudes est la cause des [réalités] polluées. Le reste comme précédemment. C'est ainsi que l'on comprendra que, pure ou impure, toute semence est passible de ces quatre approches.

2. *Les semences sont-elles la même chose que la conscience fondamentale ?*

1. Pour les uns, les semences existent réellement et ne sont pas seulement des instances conventionnelles. Elles habitent la conscience fondamentale mais n'en ont pas la substance, puisque les semences participent des trois natures [3] et que la conscience est neutre.

2. Pour les autres, [les semences] sont des conventions dépourvues de réalité parce que, en dehors de la conscience fondamentale, elles n'ont pas de substance.

---

claire lumière vide comme l'espace (= que rien n'obstrue), dont les êtres peuvent prendre conscience lorsque leurs imprégnations d'ignorance relâchent leur étreinte : ils connaissent alors ce qu'on appelle « Éveil initial » (ou « inceptif » 始覺). Cf. *Naissance de la foi…*, trad. C. Despeux, p. 113 à 116.

1. Dans le *Yogashâstra*, Asanga explique que le premier renversement du support (*âshrayapâravritti*, autre nom de l'Éveil) résulte de la combinaison de l'aspiration la plus élevée – celle d'atteindre la bouddhéité pour le bien de tous les êtres – et de l'inspiration la plus pure provoquée par l'écoute, ou l'étude, des enseignements qui sont autant de révélations sur le réel et la possibilité de le réaliser.

2. Autrement dit la *Somme du Grand Véhicule* dans la traduction que Paramârtha en exécuta pendant le règne de l'empereur Wu des Liang (VIIe siècle). Cf. 攝大乘論疏, T 2805, vol. 85, p. 982.

3. Elles sont bonnes, mauvaises, ou ni bonnes ni mauvaises.

3. Pour d'autres encore, elles participent de ces deux natures parce que les semences ont la même substance que la conscience fondamentale mais en diffèrent par leurs activités.

Explication : Les semences ne sont que différentes modalités de l'efficience de la conscience fondamentale dont elles ne diffèrent point par la substance. C'est pourquoi, lorsqu'elles naissent, émergent, apparaissent et agissent, elles ne sont plus [exactement] les mêmes que leur fondement.

De même que les vagues sur la mer ont pour cause le vent et selon sa force seront de tailles différentes, et de même, encore, qu'il est impossible de trouver dans l'eau de la mer la cause de ces différences, lesquelles émanent de circonstances [extérieures], de même l'océan de la conscience produira les vagues des consciences sous le vent de la sphère des objets sans qu'il y ait l'ombre d'une cause de vague au sein de la conscience, même si celle-ci est la cause des différences qui ne peuvent en être que les effets [1].

Aussi le *Traité* [2] peut-il dire [en essence] que «les semences expriment l'efficience de la conscience fondamentale.»

Ces explications devraient éclairer votre lanterne.

5. De l'omniprésence de la nature de bouddha

1. Pour d'aucuns, il y a une partie des êtres animés qui n'ont pas nature de bouddha, comme, au sein des cinq familles, ceux qui l'ont à moitié et tous les autres qui en sont totalement dépourvus, ainsi qu'il est expliqué dans le *Yogashâstra* [3].

---

1. 識中浪因無若干狀，而能為因成果差別。
2. Cf., par exemple, 成唯識論, T 1585, vol. 31, p. 9b : 唯本識中功能差別，具斯六義成種非餘 …
3. Le *Yogashâstra* n'hésite pas à interdire le salut à certains, comme les *icchantikas*. Ce n'est pas le cas du *Lankâ* comme on peut le lire au ch. II, 22, *Entrée*, p. 96 et suiv.

2. Pour d'autres, tous les êtres sont doués de la nature de bouddha ; seules les « herbes et les arbres » ne le sont pas, comme on peut le lire dans le *Nirvâna* et le *Lankâ*[1].

3. L'union de ces deux avis s'approche de deux façons :

I. Dans le réel
II. Dans les enseignements

I. Dans le réel, on considère l'omniprésence visible ou invisible de la nature de bouddha sous quatre angles :

1. La croyance à la réalité des phénomènes [entraîne] l'inexistence [de cette nature], ainsi que dans le Petit Véhicule cette croyance s'érige contre l'existence de la « nature du Grand Éveil » [en chaque être].

2. Elle est plus ou moins complète selon les circonstances comme nous l'apprennent le *Yogashâstra* et d'autres textes pour lesquels, au niveau du réel, cette nature d'Éveil émane de semences conditionnées non polluées, si bien qu'elle n'est pas présente chez tous les êtres animés.

3. Elle imprègne tous les êtres animés si l'on s'en tient à la vérité absolue, ainsi que dans le présent soûtra et dans le *Nirvâna*, on peut lire que tous ceux qui ont un esprit sont bouddhas par nature. Ainsi, il n'est pas un être animé qui n'ait point d'esprit et pas un être doté d'esprit qui n'ait nature de bouddha. Comme l'esprit exige [cette] nature, celle-ci est nécessairement la cause [du processus par lequel] on renonce à l'état ordinaire pour devenir un être sublime.

[Alors] dans ce cas, pourquoi commence-t-on par enseigner, comme s'il s'agissait de certitudes, que cette nature de bouddha se trouve [dans tous les êtres, à moins qu']elle ne s'y trouve pas ?

---

1. Il s'agit de la thèse centrale du *Soûtra du Grand Parinirvâna*. Quant au *Lankâ*, pourrais-je dire tout simplement qu'il ne s'embarrasse d'aucune idée fictive, et certainement pas de l'idée qu'il existe des maudits par prédestination ?

Les enseignements du Soûtra de l'Entrée à Lankâ

Les traités de la *Nature de bouddha* et de la *Précieuse Nature* l'expliquent ainsi : c'est parce que les *icchantikas* commettent la faute grave de médire du Dharma que les enseignements affirment qu'il leur faudra une durée démesurée pour retrouver leur très-pure nature, et non qu'il en sont ultimement dépourvus[1].

4. Par l'abolition tant des attributs que des représentations, ainsi qu'on l'apprend dans le *Soûtra du Sans-Action de toutes choses*[2] qui explique que la famille et la nature de bouddha dépassent les noms, les caractéristiques, les opinions et la mémoire. Ce qu'on retrouvera dans le *Lankâ*[3].

II. Dans les enseignements

On peut lire à la fin du deuxième rouleau du *Traité de la Nature de bouddha* : « Si tous les êtres possèdent la nature de bouddha, pourquoi lit-on dans les textes des ainsi-venus qu'il y a une partie des êtres qui n'atteindra jamais le *parinirvâna* ?

— Simplement du fait que les ainsi-venus enseignent de deux manières : soit ils s'expriment de façon explicite, soit ils s'expriment autrement. Il ne faut donc pas s'attacher à la lettre des enseignements non explicites[4]. »

---

1. « Médire du Dharma », c'est, plus simplement, refuser le réel. Le refus du réel est forcément moins fort, moins réel que le réel. On se demande quel « bouddhiste » a bien pu inventer l'idée d'icchantika, l'idée qu'il puisse réellement y avoir des êtres assez nuisibles pour ne *jamais* accéder à l'Éveil.

2. Cf. 諸法無行經, T 650, vol. 15, p. 755a, où le Bouddha, sur le fond de l'irréalité des actes (*samskâra*), explique à Mañjushrî comment tous les êtres et tous les bouddhas ne forment qu'un seul et même esprit, une seule et même semence, une seule et même lignée par-delà toute représentation possible.

3. Cf. *Entrée*, p. 109 : « Mahâmati, l'ainsi-venu, qui est arhat et bouddha authentique et parfait, enseigne la nature de bouddha en termes de vacuité essentielle, de cime du réel, nirvâna, sans-naissance, sans-caractéristiques, sans-souhaits et ainsi de suite pour délivrer les sots de la peur de l'inexistence du soi. Les enseignements sur la nature de bouddha portent sur une entité inapparente dégagée de toutes les fictions. »

4. Cf. 佛性論, T 1610, vol. 31, p. 800c, où Asanga explique que les êtres sont indignes du Grand Véhicule tant qu'ils pensent comme des *icchantikas*, autrement dit tant que l'idée de « vacuité à cœur de compassion » les dérange. C'est pour les

Explication : Cette pensée émane du bodhisattva Vasubandhu, le maître commentateur du Bouddha, lorsqu'il lui fallut dûment réfuter un grand nombre de textes prouvant que tout est prédéterminé[1].

6. CONVERSION DES DEUX VÉHICULES INFÉRIEURS[2]

1. Pour certains, les adeptes des deux véhicules inférieurs appartenant indubitablement à cette famille ne se convertissent pas au Grand Éveil. C'est ce que soutient le *Dévoilement du sens profond*, par exemple[3].

2. Pour d'autres, tous les adeptes des deux véhicules inférieurs finiront par atteindre le Grand Éveil : ce qu'enseignent des soûtras comme le *Lotus du Dharma*[4].

3. La combinaison de ces deux théories peut s'expliquer en deux points :

---

bouleverser et les convertir que certains textes disent que les *icchantikas* n'atteindront jamais l'Éveil.

1. Ce jansénisme de mauvais aloi est le contraire même du Grand Véhicule du bouddhisme pour lequel l'Éveil est déjà *foncièrement* la vraie nature de chaque être animé. Quant à sa reconnaissance (dite «Éveil inceptif»), elle est nécessaire, mais à plus ou moins brève échéance. Ce que Fazang aborde dans les paragraphes suivants.

2. Cf. *Entrée*, I, 20, sur les cinq familles de réalisation. Très clair.

3. Ch. III, trad. Ph. Cornu, p. 72 : «...quand bien même tous les bouddhas essaieraient de placer au cœur de l'Éveil un individu de la lignée des Auditeurs, lequel progresse vers la quiétude pour lui seul, cet individu ne pourrait pas atteindre l'Éveil insurpassable et parfait...»

4. Quant au *Lotus*, qui ne reconnaît qu'un seul véhicule, il y est dit que les Auditeurs et les bouddhas-par-soi sont en fait des bodhisattvas revêtant des formes «inférieures» pour montrer aux êtres qu'il est possible de s'arracher à la souffrance et à l'ignorance. C'est ce que le célèbre Shâriputra découvre au chapitre II du soûtra. Cf. trad. J.-N. Robert : «Ce n'est qu'à l'aide de la voie du Véhicule unique que je convertis par ma doctrine les êtres d'Éveil (= bodhisattvas), il n'y a parmi mes disciples nul auditeur» – autrement dit il n'y a que des bodhisattvas. *Op. cit.*, p. 90 et 91.

Les enseignements du Soûtra de l'Entrée à Lankâ

I. Dans le réel
II. Dans les enseignements.

I. Dans le réel, les premiers soûtras s'expriment de la sorte sous l'angle d'un accès au nirvâna assuré dans cette vie sans qu'aucune conversion [au Grand Véhicule] puisse jamais avoir lieu.

Les soûtras suivants expliquent que, même en nirvâna, les [arhats] finissent par se tourner vers le Grand Éveil, et que leur progression dépendra alors de l'acuité de leurs facultés : certains progresseront en 80 000 kalpas, d'autres en 60 000, etc., et d'autres encore en seulement 10 000.

Le *Soûtra de l'Entrée à Lankâ* parle à ce sujet du vin de l'extase dont certains se sont enivrés [1].

II. Dans les enseignements

1. Soit aucun adepte des deux véhicules inférieurs ne se convertit jamais, comme l'enseigne le Petit Véhicule ;

2. soit les êtres de la famille indéterminée qui pratiquent les deux véhicules inférieurs peuvent se convertir tant qu'ils n'ont pas atteint *leur* voie de vision − alors que les autres ne le peuvent pas : comme on le lit tant dans la grande recension de la Connaissance transcendante que dans le *Soûtra des Enseignements de Vimalakîrti* [2] ;

---

1. *Entrée*, II, 55, p. 156.
2. Dans le Petit Véhicule, la voie de vision 見道 désigne l'«entrée dans le courant» 預流向 (dont le fruit 果 est le 16ᵉ instant de la voie de vision et le premier de la voie de méditation) qui suit la «meilleure chose du monde» 世第一法. Il s'agit de la première fois que, depuis l'absence de commencement, émerge la véritable sagesse non polluée sous l'aspect de la contemplation du principe des quatre vérités − ce qui permet l'élimination de toutes les vues et émotions négatives. L'école du *Kosha* 具舍宗 décompose la voie de vision en 16 instants : 8 «patiences 忍» et 8 «sagesses 智». L'école de la *Satyasiddhi* 成實宗 (la plus «vacuiste» des écoles du Petit Véhicule) parle plutôt de «pratique sans apparence 無相行». Dans le Grand Véhicule, la voie de vision est un autre nom de l'accès à la première terre des bodhisattvas. Cf. Sengzhao, p. 416 et 417.

3. soit aucun des êtres appartenant indubitablement à la famille des deux véhicules inférieurs ne peut se convertir, tandis que les adeptes [des deux véhicules inférieurs] qui n'appartiennent pas indubitablement à cette famille [finissent par] se convertir même s'ils ont atteint l'état d'arhat. C'est la thèse du *Soûtra du Dévoilement du sens profond*[1] ;

4. soit, enfin, les adeptes des deux véhicules inférieurs – qu'ils soient indubitablement ou non des membres de cette famille – se convertissent tous, à la seule différence qu'ils entreront plus ou moins vite en extinction. C'est ce qu'enseignent des soûtras comme le *Lotus*, le *Nirvâna*, le *Lankâ* et le *Ghanavyûha*, lesquels expliquent que c'est exactement en fonction de la profondeur des enseignements [reçus et pratiqués] que les uns seront bouddhas avant les autres mais que tous finiront par réaliser tous les enseignements.

7. LES PRATIQUES ET LES NIVEAUX EN DÉPLOIEMENT ET EN REPLI

I. Les niveaux
II. Les pratiques

I. Les niveaux peuvent se trouver dans cinq situations :

1. En déploiement
2. En repli
3. Simultanément en déploiement et en repli
4. En disparition
5. En perfection

---

1. « Par contre, dit le Bouddha, j'ai enseigné que l'Auditeur qui se tournait vers l'Éveil parfait appartenait à la lignée des bodhisattvas. En effet, s'étant libéré des passions et exhorté par les tathâgatas, il libérera son esprit du voile cognitif. Ainsi, le Tathâgata le désigne d'abord comme un membre de la lignée des Auditeurs parce qu'il se libère avant toutes choses du voile des passions en s'appliquant à réaliser son propre but. » Trad. Ph. Cornu, p. 72 et 73.

Les enseignements du Soûtra de l'Entrée à Lankâ

1. *Les niveaux en déploiement*

C'est ainsi que les différents niveaux des sages et des saints [1] sont des réalisations successives agissant les unes comme causes ou effets des autres, à commencer par les dix formes de la foi, puis les dix compréhensions [2], les dix pratiques, les dix dédicaces et [enfin] les dix terres comme autant de degrés à gravir ou desquels retomber. Du visible à l'invisible et du superficiel au profond, chaque niveau amène au suivant jusqu'à l'ultime, ainsi qu'on peut le lire dans les soûtras et les traités.

2. *Les niveaux en repli*

I. Selon [l'école] Huayan, les cinquante premiers niveaux se contiennent les uns les autres. Quand les dix formes de la foi remplissent le cœur, les quarante niveaux suivants se trouvent accomplis et chacun de ces quarante niveaux contient tous les autres du fait qu'ils apparaissent dépendamment les uns des autres. Or comme les choses [relatives] se dissolvent les unes dans les autres en vertu de leur [nature] absolue, il est permis

---

1. Ces « niveaux » décrivent la progression du bodhisattva telle qu'elle apparaît, entre autres, dans « L'entrée dans la Dimension absolue », le dernier livre du *Soûtra des Ornements Fleuris*, qui décrit l'Éveil de Sudhana tel qu'il en reçoit l'essence auprès de « cinquante-trois amis de bien » ou « maîtres spirituels », lesquels représentent autant de niveaux de pratique et de réalisation spirituelles. Brièvement, il s'agit de cinq séries de dix qualités ou acquis de sagesse que les grands bodhisattvas Maitreya, Mañjushrî et Samantabhadra viennent symboliquement sceller de leur perfection. Le bodhisattva commence par « cultiver » les dix formes de foi 十信. Après quoi il devient un « sage » 賢 en progressant par les dix stations 十住, les dix pratiques 十行 et les dix dédicaces 十迴向. Puis sur les dix terres 十地 il devient un « saint » 聖 – un être sublime. Sa fusion avec Maitreya (51) est l'unité de toutes les précédentes réalisations, avec Mañjushrî (52) leur vacuité et, enfin, avec Samantabhadra (53), l'Éveil merveilleux 妙覺 qui n'est ni vide ni non vide. Le lecteur anglophone pourra se reporter à Li Tongxuan, *Entry into the Realm...* Cf. Bibliographie.
2. Ou « stations ». Cf. *Soûtra du Filet de Brahmâ*, p. 68, n. 1. On pourra du reste comparer le système des niveaux du *Filet de Brahmâ* et celui du *Huayan* – le premier me semblant le prototype du second.

de les décrire en détail comme dans le *Soûtra des Ornements Fleuris*.

II. Dans le présent soûtra on peut lire que la dixième terre contient les neuf autres, et que cette dixième terre est en fait la première puisque tout commence à la huitième terre jusqu'à ce qu'il n'y ait plus rien[1].

Mais dans quel ordre ?

Le *Soûtra Requis par le dieu Brahma Visheshacinta* répond :

« Celui qui atteint la véritable nature de toutes choses ne progresse pas de terre en terre.

« Celui qui ne progresse pas de terre en terre ne se fixe ni dans le samsâra ni dans le nirvâna[2]. »

Le *Soûtra des Ornements Fleuris* compare les caractéristiques des différentes terres aux traces laissées dans l'air par les oiseaux[3].

Explication : Ces deux visions obéissent à la vérité absolue en lui incorporant toutes les réalités relatives, sans qu'il subsiste la moindre distinction.

3. *Les niveaux spirituels simultanément en déploiement et en repli*

I. Ce qui se peut dès lors que les deux états précédents sont indistincts l'un de l'autre : quand, en se déployant, les niveaux

---

1. « Mahâmati, en vérité absolue, il n'y a pas d'ordre de progression dans les terres », dit le Bouddha dans le *Lankâ*, ch. IV. Puis il le chante : « La dixième terre est la première, et la première la huitième… Quelle progression dans l'Inapparent ? » Cf. *Entrée*, p. 227 et 228.

2. Cf. T 586, vol. 15, p. 36a : « Celui qui apprend la véritable nature de toutes choses et la pratique avec ardeur pratique au vrai sens du terme sans progresser de terre en terre. S'il ne progresse pas de terre en terre, il ne se trouve ni dans le samsâra ni dans le nirvâna, puisque les bouddhas ne subissent pas plus le samsâra qu'ils n'atteignent le nirvâna. »

3. L'image apparaît dans le *Huayan* comme dans le *Nirvâna*, mais elle n'y est pas particulièrement associée aux dix terres. Elle s'applique au langage en tant qu'il ne peut rien exprimer de définitif sur la sagesse de quelque réalisation que ce soit.

restent repliés sur eux-mêmes et que, dans leur repli lui-même, ils se trouvent à jamais déployés, leur souveraine liberté ne saurait rencontrer le moindre obstacle dans la mesure où, confondus, ces deux états sont perçus [par le méditant].

II. Ou encore, la sagesse fondamentale se replie au contact du réel, tandis que la sagesse subséquente se déploie en fonction des mobiles. Il n'y a pas de contradiction entre la paix et l'activité de ces deux sagesses [1], de même qu'entre les mouvements et l'immobilité [de la pensée] : ainsi ces deux états se laissent-ils percevoir.

4. *La disparition des niveaux spirituels*

Déploiement et repli se dépouillent l'un de l'autre jusqu'à leur complet épuisement à l'un comme à l'autre, de sorte que les deux sagesses s'abolissent mutuellement dans la saveur unique de leur commune réalité sans que l'une ou l'autre persiste.

5. *La perfection des niveaux*

Les quatre propositions que nous venons de voir ne décrivent pas des entités essentiellement distinctes les unes des autres. En fait, elles s'unissent pour former une vérité dont rien ne peut contrer l'évidence.

Ou enfin : les niveaux ne sont pas des niveaux; les non-niveaux sont des niveaux. Le repli des niveaux est leur déploiement et leur déploiement est leur repli, car ils forment une seule et même réalité totalement lumineuse et indéfectible [2].

---

1. Cf. *Entrée*, p. 226, n. 1, où la « méditation » correspond à la « sagesse fondamentale » et la « post-méditation » à la « sagesse subséquente ».
2. 同一圓明無礙法 : L'objet même des « enseignements parfaits » du Huayan. Cf. Introduction.

II. *On abordera les pratiques selon les cinq mêmes phases :*

1. En déploiement : l'entraînement progressif aux dix vertus transcendantes [1].

2. En repli : en un seul instant s'accomplissent toutes les pratiques [2].

3. Les deux à la fois : la perception simultanée et non contradictoire des deux états précédents.

4. Disparition des pratiques : dès qu'une pratique coïncide avec le réel, réel et pratique disparaissent.

5. Perfection des pratiques : les quatre propositions précédentes appliquées à la même pratique donnent de celle-ci une perception totale dont aucun obstacle ne peut altérer la clarté parfaite [3].

8. LES VOILES, NON PLUS QUE LEUR ANTIDOTE, NE PEUVENT RENCONTRER D'OBSTACLES

En cinq points :

1. Les obstacles
2. Leur antidote
3. Combinaison des obstacles et de leur antidote
4. Disparition des obstacles et de leur antidote
5. Perfection des obstacles et de leur antidote

---

1. Les dix *pâramitâs* associées aux dix terres, dont on trouvera le détail dans le *Soûtra des Dix Terres, op. cit.*

2. 一念具萬行 : Le « repli » met en avant la vacuité des pratiques, alors que leur « déploiement » revient à la variété de leurs apparences. Comme l'espace est entièrement contenu dans une particule, les trois moments du temps peuvent s'écouler en un seul instant. L'*Avatamsaka* et les grands soûtras débordent de ce genre de miracles appelés « libertés » qui découlent de la connaissance de l'Apparence réelle, et dont on trouvera une série « inconcevable » dans le *Soûtra des Enseignements de Vimalakîrti.*

3. 無礙圓明俱現 : cf. Introduction.

1. *Les obstacles s'abordent à leur tour selon ces cinq points :*

1. Ils voilent la connaissance du réel à une profondeur et sur une épaisseur telles qu'il est [très] difficile de les éliminer.

2. Leur inconsistance [1] en fait des entités vides dépourvues de toute substance.

3. La combinaison des deux propositions précédentes donne la définition correcte des obstacles : s'ils ne voilent pas le réel, ils sont sagesse et non obscurcissements ; si, dépourvus de substance, ils sont vides, ils sont le réel et non ce qui lui fait obstacle.

Voilà le véritable sens des obstacles.

4. Leur disparition : il n'est aucun obstacle qui ne soit vide de substance, mais il n'est pour autant aucun obstacle qui ne voile l'absolu. Cette communauté de substance [entre les obstacles et l'absolu] est la cause de leur déconstruction mutuelle et il n'est plus question ni de vide ni d'obstacles.

5. La perfection des obstacles désigne le voile formé par la combinaison des quatre propositions précédentes. Ce [super-]obstacle occulte l'absolu sans que l'absolu ne se cache, car il est à jamais vide de substance, et que, en vérité absolue, il n'apparaît pas. Dans ce voile, l'être et le non-être ne sont point deux ; quant à l'absolu, visible ou invisible, il reste le même. Les obscurcissements sont l'irréel du réel, de même que l'absolu est ce qu'il y a de non erroné dans l'erreur [2].

C'est donc ce qu'il y a d'erroné au sein du réel qui voile le réel et ce qu'il y a de réel au sein de l'erroné qui révèle le caractère erroné des voiles [3]. Cela devient évident quand on y réfléchit bien.

---

1. Cette inconsistance est celle de toutes choses sans exception.

2. « Les êtres sublimes ne voient pas d'erreur car au sein de l'erreur il n'est rien de réel. Or du fait que l'erreur elle-même, c'est le réel, au sein de l'erreur encore, le réel est vrai. » Cf. *Entrée*, II, 43, p. 131 et suiv. Et ci-dessous : « Quand on voit le réel dans l'essence de l'erreur, il n'est pas une erreur qui ne se trouve éliminée. »

3. 又即真之妄方能翳真，即妄之真方為妄翳. Traduction incertaine.

2. *L'antidote*

Celui-ci, sublime sagesse non polluée, sera étudié en cinq phases :

1. Rayonnement
2. Extinction
3. Les deux
4. Disparition
5. Perfection

1. *Rayonnement*

Lorsqu'elle émerge, la sagesse non polluée illumine toutes choses en coïncidant avec leur ainsité, qui est une, dans la réalisation.

2. *Extinction*

La sagesse qui réalise cet état naturel n'est pas le réel qui coïnciderait avec l'essence du réel mais plutôt la substance même de la réalisation intérieure. De la sorte, ce rayonnement reste toujours éteint car, si ce n'était pas le cas, comment cette sagesse verrait-elle que toutes choses sont semblables au réel en étant, elle seule, irréelle ? À l'évidence, la réalisation du réel émane du rayonnement et, une fois réalisé le réel, le rayonnement s'éteint.

3. *Combinaison du rayonnement et de l'extinction*

Le réel intérieur abolit le rayonnement sans que cela fasse obstacle au rayonnement ; et ce rayonnement, d'une clarté absolument parfaite, ne fait pas obstacle à [la paix] de l'extinction. En conséquence, le rayonnement émane de la réalisation, de même que dans la réalisation le rayonnement s'abolit, de telle sorte que personne ne réalise en l'absence de rayonnement et que le rayonnement, en perdurant, dévie de la réalisation.

4. *Disparition [de l'antidote]*

N'étant pas absolument distincts, rayonnement et extinction se déconstruisent l'un l'autre jusqu'à leur commune disparition. C'est alors que le rayonnement revient à ce qui n'est pas non-rayonnement dans le non-rayonnement et l'extinction à ce qui n'est pas non-extinction dans la non-extinction.

Pensez en combinant et vous verrez !

5. *Perfection [de l'antidote]*

Les quatre propositions précédentes se combinent pour définir la sublime sagesse, unique [en son genre], la parfaite claire lumière de toutes les qualités, souverainement libre au repos comme en activité. Cette instance qu'il est difficile de nommer, réfléchissez-y [bien] et vous la verrez !

3. *Combinaison [des obstacles et de leur antidote]*

Obstacles et antidote étant incompatibles, quand émerge la sagesse non polluée, toutes les catégories d'erreurs s'éteignent, comme les plateaux d'une balance dont l'un monte quand l'autre descend, voire comme une construction qui s'élève peu à peu.

Voilà ce qu'on explique [assez] vulgairement mais, si l'on en croit le *Traité des Dix Terres*, tout cela n'a ni commencement, ni milieu, ni fin. Détruire l'erreur sans voir le réel dans l'essence de l'erreur, c'est encore une erreur – qu'il est alors impossible de supprimer. Quand on voit le réel dans l'essence de l'erreur, il n'est pas une erreur qui ne se trouve éliminée. En conséquence, puisque le rayonnement de la sagesse est un non-rayonnement et l'élimination de l'erreur une non-élimination, l'élimination sapientiale est possible.

S'il n'en est pas ainsi, croire à l'existence d'une erreur et qu'il est possible de l'éliminer, c'est une erreur et non de la sagesse ; voir que l'erreur est vide par essence, c'est sagesse et non erreur, c'est voir la sagesse de l'erreur. Et cette sagesse, il faudra l'éliminer aussi. Si toute erreur a pour essence la vacuité, il ne s'impose pas de l'éliminer.

Un texte dit : «Ceux qui veulent devenir bouddha ne doivent pas détruire le désir et l'attachement[1].»

Et encore : «Les émotions négatives sont l'Éveil, etc.[2]»

Autant dire que, «sous l'angle de la sagesse», voir que l'essence et les caractéristiques de l'erreur sont «épuisées» et qu'il n'y a rien à éliminer, c'est cela la véritable élimination de l'erreur.

4 & 5. Pour la disparition et la perfection des voiles et de leur antidote, on raisonnera comme précédemment.

9. La liberté du rêche et du lisse[3]

Ce sujet s'étudie en quatre points :

1. L'évidence
2. Les paroles
3. Les actes
4. Le réel

1. *L'évidence*

Les actes positifs sont en accord avec la logique absolue alors que les [actes] négatifs ne le sont pas. Les caractéristiques du bien sont évidentes et peuvent donc être connues[4].

---

1. Le *Soûtra du Sans-Action de toutes choses*, T 650, vol. 15, p. 751a.
2. «Les émotions négatives sont l'Éveil et le samsâra, c'est le nirvâna» : on peut dire que ces thèmes suffiront à Zhiyi, le plus grand penseur du Tiantai, pour construire son immense *Somme de Quiétude et de Contemplation* 摩訶止觀。
3. En d'autres termes, la liberté (possibilité) de trouver violent tel monde d'objets et docile tel autre, autant dire les conditions de la colère et de l'attachement. «La sensation 受 désigne une expérience où l'agréable et le désagréable n'existent pas ; les mondes d'objets ont pour caractères leur essence.» (唯識論 III) L'emploi que Fazang fait de ces termes dans le présent paragraphe suggère qu'il entend l'expression «liberté du rêche et du lisse» 順違自在 au sens plus littéral de «liberté d'aller avec ou contre le courant du réel».
4. Est-ce la naïveté ou bien la vérité de ce paragraphe qui me choque ?

2. *Les paroles*

Les paroles contredisent l'absolu mais l'intention lui est conforme quand, par exemple, [le Bouddha] déclare que l'on ne peut pas atteindre le Grand Éveil si l'on ne commet pas les cinq crimes à rétribution immédiate[1].

Les paroles sont en accord avec l'absolu mais l'intention ne l'est pas lorsque, par exemple, les adeptes des voies non bouddhistes s'exercent au bien en tournant le dos à la libération, ou encore, lorsqu'on ne se sent pas gêné de subvenir à ses besoins de cinq façons perverses[2].

3. *Les actes*

Le bodhisattva intensifie les grandes pratiques en restant dans les émotions négatives comme on le lit dans la *Somme du Grand Véhicule* : «Les émotions négatives deviennent des auxiliaires de l'Éveil, etc.[3]»

Un soûtra dit : «Tous les démons et les adeptes des voies non bouddhistes sont mes serviteurs[4]...» Bien que dans l'erreur, il y a accord avec la vérité absolue. Mais lorsqu'on pratique un bien pollué pour renaître chez les hommes ou les dieux, on s'éloigne de la voie de l'Éveil : ce qui appartient au bien mais s'oppose à la vérité absolue.

---

1. Selon un symbolisme paradoxal – systématique dans les tantras –, qui fait l'objet de l'*Entrée*, III, 2, p. 159 et suiv. On pourra lire, dans le même genre, les dernières pages du *Compendium* d'Asanga.

2. Il s'agit ici de cinq types de malversations dont le moine mendiant peut user à l'endroit de son donateur : Dans sa *Guirlande de joyaux* (*Ratnamâlâ*), Nâgârjuna les énonce ainsi : «Paroles mielleuses, simulation, générosité calculée, appropriation par la force et allusions intéressées.» Cité dans *Perles d'ambroisie* II, p. 155. Cf. *Visuddhimagga*, I, 61-82, p. 51 à 57, et Sengzhao, p. 31, n. 2.

3. T 1593, vol. 31, p. 131b.

4. «Mais ta bienveillance, dit Vimalakîrti à Mañjushrî, voulait savoir où mes serviteurs étaient passés. Mes serviteurs? Ce sont tous les démons et tous les maîtres non bouddhistes. En effet, les démons aiment le cercle des morts et des renaissances, et le bodhisattva, lui non plus, ne renonce pas à ce cercle ; les non-bouddhistes chérissent leurs opinions mais il n'est pas une seule opinion pour ébranler le bodhisattva.» *Soûtra de la Liberté inconcevable*, V, 8, p. 84.

4. *Le réel*

Il n'est pas une émotion négative qui, sous l'angle du réel, ne soit absolument vraie, comme lorsqu'il est enseigné que les émotions négatives sont l'Éveil. De même pour le bien : s'apesantir sur les caractéristiques du bien, cela revient à dévier de l'ainsité du réel. La générosité qui se fixe dans le relatif n'a rien d'une vertu transcendante [1].

De même pour l'erreur.

On lit dans le *Soûtra Requis par le dieu Brahmâ Visheshacinta* :

« L'Ainsi-Venu déclare parfois que les choses pures sont souillées et que les émotions négatives sont pures, au sens où la croyance et l'attachement à la réalité des choses pures sont des impuretés, alors qu'est pure la vision de la nature réelle des choses impures [2]. »

Explication : Les quatre propositions précédentes permettent de comprendre que dans certains cas le rêche et le lisse sont distincts ; dans d'autres cas, le rêche est toujours lisse, de même que le lisse est toujours rêche ; et dans d'autres cas [enfin] le lisse n'est pas lisse, et le rêche n'est pas rêche puisqu'il est impossible d'échapper à la vérité absolue : ce que l'on verra en y réfléchissant [bien].

---

1. Les six ou dix vertus transcendantes méritent ce nom quand elles s'exercent à la lumière de la réalisation de la pureté des trois pôles de tout acte : quand, par exemple, le donateur reconnaît la vacuité de sa personne, la vacuité de ce qu'il donne et la vacuité de l'être auquel il donne.

2. Cf. T 586, vol. 15, p. 40c et 41a : « Brahmâ demanda au Bouddha : "Qu'entendez-vous par 'adapté à chacun'?" Le Bouddha répondit : "L'Ainsi-Venu enseigne parfois que les choses impures sont pures et les choses pures impures. Le bodhisattva saura ainsi que l'Ainsi-Venu enseigne de manière 'adaptée à chacun'. Brahmâ, pourquoi dit-il que les choses impures sont pures ? Parce que les choses impures n'ont pas d'essence. Pourquoi dit-il que les choses pures sont impures ? Parce qu'on peut s'attacher à la réalité des choses pures… Le samsâra, c'est le nirvâna, parce que rien ne régresse ni ne naît. Le nirvâna, c'est le samsâra, à cause de l'attachement [qu'il inspire]." »

10. QUE LE FRUIT DE BOUDDHÉITÉ EST TOUJOURS PRÉSENT

    I. En général
    II. En particulier

I. En général

1. On peut parfois lire que les trois corps[1] sont permanents : dès que le corps absolu s'est cristallisé, suivent les corps de jouissance et d'apparition.

2. On lit ailleurs que les trois corps sont impermanents : que le corps absolu est détachement sans être détachement, et que les corps de jouissance et d'appartition naissent et meurent.

3. Ailleurs encore, on peut lire que si le corps absolu est permanent, les corps de jouissance et d'apparition ne le sont pas.

4. Enfin, que le corps de jouissance est permanent, lui aussi, car il désigne la naissance de la grande sagesse réalisant qu'elle a la même essence que le réel. Il est permanent d'une permanence inconcevable comme on pourra le lire dans le *Lankâ*[2].

– Mais alors, pourquoi peut-on lire dans les traités, dont la *Conscience-Seulement*, que ce qui naît cesse nécessairement[3] ?

– Il s'agit d'une réponse générale[4].

---

1. Parce que le « fruit », ce sont les trois corps du bouddha. Pour mémoire, le corps absolu est vacuité, le corps de jouissance luminosité et le corps d'apparition (ou de manifestation) l'irréalité de tout obstacle. Cf. *Entrée*, II, 14-15, p. 87 et suiv.
2. 不思議常 : En tant que claire lumière de la réalisation intérieure, le « corps de jouissance » est « permanent d'une permanence inconcevable » ainsi que le Bouddha l'explique : « …l'éternel inconcevable que j'enseigne n'est pas le même que l'objet de tous les débats des non-bouddhistes. Mahâmati, cet éternel inconcevable [est] la vérité même de la sphère d'activité de la sublime sagesse réalisée par les ainsi-venus… Mon éternel inconcevable… a sa cause dans ma réalisation intérieure et non dans le constat de l'impermanence des objets extérieurs qui ont une fin et retournent au néant. » *Entrée*, II, 17, p. 92.
3. Par exemple, 成唯識論, T 1585, vol. 31, p. 9b. Cf. 文殊師利問經, T 468, vol. 14, p. 498c.
4. À n'importe quelle question il est possible de répondre 1) de façon générale, 2) de façon particulière, 3) de façon circonstanciée, et/ou 4) par le silence.

– Mais si, en pratiquant, on donne naissance au fruit de bouddhéité, comment celui-ci échappera-t-il à la destruction instantanée ?

Explication : Les quatre types de réponse [possibles] permettent de donner des enseignements grossiers en recourant aux caractères des choses.

L'assertion « ce qui est né doit mourir » vaut pour les naissances et les morts fragmentaires des êtres ordinaires[1] ; cela ne s'applique pas au fruit de bouddhéité, la réalisation de l'absolu [avec toutes ses] qualités. Pourquoi ?

Quand vous dites que, s'il naît de la pratique, le fruit de bouddhéité doit mourir, vous dites implicitement que ce qui est mort renaîtra. On est ici dans un type de réponse particulier qui explique que ceux qui ont des émotions négatives renaissent alors que ceux qui n'en ont pas ne renaissent pas. Or, puisqu'il n'est pas d'émotions négatives dans le fruit de bouddhéité, celui-ci cessera l'instant suivant pour ne plus jamais renaître – ce qui revient à dire que l'extinction [dans la paix] est annihilation[2].

Sachez qu'il n'en est pas ainsi et vous saurez que la grande sagesse de la bouddhéité est intérieurement la même que l'essence du réel : l'égalité de l'unique saveur où, en réponse aux différentes sensibilités, la sagesse procède à d'inépuisables activités. Le sel jeté dans l'eau s'y répand sans perdre son goût salé. [De même,] quand la sagesse du Bouddha réalise le réel, il n'est pas une seule apparence qui ne soit comprise dans cette réalisation, et elle ne perd aucune de ses qualités lorsque la force des vœux primordiaux la place en résonance avec une sensibilité particulière. C'est pourquoi le *Soûtra de Lankâ*, qui explique en détail la nature de la grande sagesse du fruit de bouddhéité, commence par sa non-instantanéité[3].

---

1. Cf. *Entrée*, p. 90, n. 1.

2. Nihilisme insoutenable tant du point de vue logique qu'émotionnel.

3. Cf., par exemple, ch. VI, 5, *Entrée*, p. 250 : « Comment considérer comme *instan-*

II. *Points particuliers*

Il y a quatre points de jonction entre les qualités produites par la pratique et notre nature primordiale.

1. Le fruit n'est que le produit de la pratique parce que les pratiques méritoires ne sont pas vaines.

2. Le fruit est présent depuis toujours puisqu'il n'est rien qui ne coïncide avec le réel.

3. Le fruit, présent depuis toujours, est produit par la pratique, puique le corps absolu est ce qui se manifeste dans la réalisation de la cause [1].

4. Le fruit naît par la pratique du fait qu'il est présent depuis toujours, puisque la sagesse non discursive jaillit de l'ainsité.

Considérons ce dernier point à l'aide de la comparaison des bijoux en or.

1. Pour certains, ce ne sont que des bijoux, en aucun cas de l'or.

2. Pour d'autres, il n'y a là que de l'or et rien d'autre.

3. Pour d'autres encore, c'est l'or qui manifeste les bijoux, ce qui explique la supériorité desdits bijoux.

4. Enfin, ce sont les bijoux qui révèlent l'or dont ils sont faits, et cela explique que seul l'or traité et raffiné puisse être façonné en bijoux.

Si bien que, dans un bijou en or, ces quatre significations se dissolvent les unes dans les autres et toutes sont inséparables du bijou à tel point que la réflexion sur l'une de ces approches concentre l'efficace des trois autres : sachez qu'il en va de même pour la logique absolue et la sagesse du fruit de bouddhéité.

---

tanés la sagesse parfaite de l'Ainsi-Venu, l'état de moine, les acquis de la réalisation et l'essence éternelle de toutes choses ?»

1. La nature de bouddha «voilée» est cause de l'Éveil, qui est nature de bouddha «dévoilée».

1. Certains ramènent tout à la présence originelle du fruit pour justifier sa naissance au terme de la pratique en expliquant qu'il est impermanent.

2. D'autres ramènent tout à cette production [du fruit] par la pratique puisque cela revient au même que si le fruit était présent depuis toujours dans la permanence de ce qui n'est pas duel.

3. On peut encore combiner ces deux idées en imaginant un fruit à la fois permanent et impermanent.

4. Ou même, quand ces formes se sont mutuellement annihilées et que tous les contraires ont disparu, [le fruit de bouddhéité] n'est ni permanent ni impermanent.

Le fruit de bouddhéité est unique, mais on peut en parler sous les quatre précédents aspects.

Il est atteint par ceux qui suivent les enseignements selon la vérité absolue, mais ceux qui suivent leurs appropriations en obéissant à leurs émotions le manqueront.

Ainsi connaîtra-t-on la logique correcte[1] du fruit de bouddhéité.

Chapitre X : lecture et commentaire littéral du soûtra[2].

---

1. 正理 Cf. *Entrée*, «Stances», 181, p. 371 : «Les enseignements sont faits de raisonnements dont la logique s'exprime dans les textes. Contentez-vous de ce texte-ci et de sa logique sans plus chercher d'autres idées fictives.»

2. Lecture que je vous souhaite agréable et fertile… Quant au «commentaire littéral» proprement dit, il faudra peut-être attendre un peu.

Bibliographie

1. En chinois

T : *Dàzàngjing* (T) 大藏經, « Canon bouddhiste chinois », reproduction de l'édition japonaise originale de l'ère Taishô (1931), Taibei, Xinwenfeng chubanshe, 1975, cent volumes.

Soûtra de l'Entrée à Lankâ
Lankâvatâra-sûtra

Lěngjiā ābáduōluó bǎo jīng 楞伽阿跋多羅寶經, trad. de Gunabhadra en 4 rouleaux, T 670, vol. 16, p. 479-514.
Rù Lěngjiā jīng 入楞伽經, trad. de Bodhiruci en 10 rouleaux, T 671, vol. 16, p. 514-587.
Dàshéng Rù Lěngjiā jīng 大乘入楞伽經, trad. de Shikshânanda en 7 rouleaux, T 672, vol. 16, p. 586-640.
Nan Huaijin 南懷瑾, *Lěngjiā dàyì jīn shì* 楞伽大義今釋, Taipei, Laogu chubanshe 台北老古出版社, réed. 1978. (Traductions du texte de Gunabhadra en chinois parlé, avec des commentaires)

Deux commentaires

Baochen 寶臣, *Zhù Dàshéng Rù Lěngjiā jīng*, 注大乘入楞伽經, T 1791, vol. 39, p. 433-505.
Fazang 法藏, *Rù Lěngjiā xīn xuán yì,* 入楞伽心玄義, T 1790, vol. 39, p. 425-433.

Soûtra des Ornements Fleuris
(*Buddhâvatamsaka-mahâvaipulya-sûtra*)

大方廣佛華嚴經
Version de Buddhabhadra en 60 rouleaux : T 278, vol. 9, p. 395 à 788.
Version de Shikshânanda en 80 rouleaux : T 279, vol. 10, p. 1 à 445.
Version de Prajña en 40 rouleaux (ne comportant que le *Gandavyûha*) :
T 293, vol. 10, p. 661 à 851.

Autres soûtras et traités :

Asanga, *Somme du Grand Véhicule* (*Mahâyânasamgraha*) 攝大乘論, traduction de Paramârtha, T 1593, vol. 31, p. 113 à 132 ; traduction du 1ᵉʳ rouleau retrouvé à Dunhuang, T 2808, vol. 85, p. 1022 à 1026. Étienne Lamotte a publié une traduction extensive de la *Somme* que je n'ai pas pu consulter.
–, *Traité de la Nature de Bouddha* 佛性論, traduction de Paramârtha, T 1610, vol. 31, p. 787 à 813.
–, *Traité de la Précieuse nature* (*Ratnagotravibhâga*) 寶性論, T 1611, vol. 31, p. 813 à 848. Cf. *inf.* Arya Maitreya et Chenique.
–, *Traité des terres de la pratique mystique* (*Yogâcârabhûmi-shâstra* ou *Yogashâstra*) 瑜伽師地論, traduction de Xuanzang en 100 rouleaux, T 1579, vol. 30, p. 279 à 883.
Bouddha, *Soûtra de la Nature de bouddha* (*Tathâgatagarbhasûtra*) 如來藏經, traduction de Buddhabhadra, T 666, vol. 16, p. 457a-460b.
–, *Soûtra de la Structure dense* (*Ghanavyûha*) 密嚴經 : 1) traduit par Divâkara (et Fazang), T 681, vol. 16, p. 723 à 747 ; puis 2) par Amoghavajra, T 682, *ibid.*, p. 747 à 777.
–, *Soûtra de l'Universelle Transcendance de Mañjushrî, ou de la Conversion du roi Ajâtashatru* 普超三昧經, T 627, vol. 15, p. 406 à 428.
–, *Soûtra de Shrîmâlâdevî* (*Shrîmâlâdevî-simhanâda-sûtra*) 勝鬘經, T 353, vol. 12, p. 217 à 223.
–, *Soûtra du Grand Nirvâna Complet* (*Mahâparinirvânasûtra*) 大般涅槃經, traduction en 36 rouleaux revue par Huiyuan, T 375, vol. 12, p. 605 à 853.
–, *Soûtra du Sans-Action de toutes choses* 諸法無行經, traduit par Kumârajîva, T 650, vol. 15, p. 750 à 761.

Bibliographie

–, *Soûtra Requis par le dieu Brahma Visheshacinta* 思益梵天所問經, traduit en 4 rouleaux par Kumârajîva, T 586, vol. 15, p. 33 à 62.

–, *Soûtra Requis par Mañjushrî* 文殊師利問經, T 468, vol. 14, p. 492 à 509.

Dharmapâla *et al.*, *Traité Prouvant la Conscience-Seulement (Vijñaptimâtratâsiddhi)* 成唯識論, T 1585, vol. 31, p. 1 à 60. Commentaire extensif des *Trente Stances* de Vasubandhu. Cf. *inf.* Wei Tat.

Ding Fubao, *Grand dictionnaire du bouddhisme* 佛學大辭典, Pékin, Wenwu chubanshe, 1984.

Jinaputra *et al.*, *Commentaire du Yogashâstra* 瑜伽師地論釋, T 1580, vol. 30, p. 883 à 888.

Sthiramati, *Traité de l'Entrée dans le Grand Véhicule* 入大乘論, traduit par Daoqin des Liang septentrionaux, T 1634, vol. 32, p. 36 à 49.

–, *Traité de l'In-différence de la Dimension absolue du Grand Véhicule* 大乘法界無差別論, T 1627, vol. 31, p. 894, et commentaire de Fazang, T 1838, vol. 44, p. 61 à 77.

Vasubandhu, *Trente Stances sur la Conscience-Seulement (Vijñaptimâtratâtrimshikâ)*. Deux traductions chinoises parfois divergentes : 1) 唯識三十論頌, par Xuanzang, T 1586, vol. 31, p. 60 & 61 ; 2) 轉識論, par Paramârtha, T 1587, *ibid.*, p. 61 à 63.

Vasumitra *et al.*, *Bodhisattvadhyâna* 坐禪三昧經, T 614, vol. 15, p. 269 à 286 : anthologie de Vasumitra, Sangharaksha, Upagupta, Sanghasena, Ashvaghosha et Kumâralâta, ainsi que d'extraits du *Soûtra de Vasundhara* (T 482), consacrée à la concentration et à l'extase, réalisée par Kumârajîva à l'aube du ve siècle.

2. En d'autres langues

Anacker, Stefan, *Seven Works of Vasubandhu*, Delhi, Motilal Banarsidass, 1984.

Arya Maitreya (et Asanga), Jamgön Kongtrül & Khenpo Tsultrim Gyamtso, *Buddha Nature, The Mahayana Uttaratantra Shastra with Commentary*, Ithaca, New York, Snow Lion Publications, 2000.

Asanga, *Le Compendium de la super-doctrine (philosophie) (Abhidharmasamuccaya) d'Asanga*, traduit et annoté par Walpola Rahula, Paris, École Française d'Extrême-Orient, 2e éd., 1980.

Ashvaghosha, *Traité de la Naissance de la foi dans le Grand Véhicule*, in *Soûtra de l'Éveil parfait et Traité de la Naissance de la foi dans le Grand Véhicule,* traduit du chinois par Catherine Despeux, Paris, Fayard, «Trésors du bouddhisme», 2005.

Bouddha, *Soûtra de la Liberté inconcevable, les enseignements de Vimalakîrti*, traduit du chinois par P. Carré, Paris, Fayard, «Trésors du bouddhisme», 2000.

–, *Soûtra de l'Entrée à Lankâ (Lankâvatâra)*, traduit du chinois par P. Carré, Paris, Fayard, «Trésors du bouddhisme», 2006.

–, *Soûtra de l'Éveil parfait*, in *Soûtra de l'Éveil parfait et Traité de la Naissance de la foi dans le Grand Véhicule*, traduit du chinois par C. Despeux, Paris, Fayard, «Trésors du bouddhisme», 2005.

–, *Soûtra des Dix Terres (Dashabhûmika)*, traduit du chinois par P. Carré, Paris, Fayard, «Trésors du bouddhisme», 2004.

–, *Soûtra du Dévoilement du sens profond, (Sandhinirmocana)* traduit du tibétain par Ph. Cornu, Paris, Fayard, «Trésors du bouddhisme», 2005.

–, *Soûtra du Filet de Brahmâ*, traduit du chinois par P. Carré, Paris, Fayard, «Trésors du bouddhisme», 2005.

–, *Soûtra du Lotus*, traduit du chinois par J.-N. Robert, Paris, Fayard, «L'espace intérieur», 1997.

–, *The Flower Ornament Scripture (Avatamsakasûtra)*, traduit du chinois en anglais (américain) par Thomas Cleary, Boston et Londres, Shambhala, 1984–1987, 3 volumes.

Buddhaghosa, *Visuddhimagga, Le Chemin de la Pureté*, traduit du magadhi (pali) par Ch. Maës, Paris, Fayard, «Trésors du bouddhisme», 2002.

Chang, Garma C. C., *The Buddhist Teaching of Totality : the Philosophy of Hwa-yen Buddhism*, Londres, Allen & Unwin, 1972.

Chenique François (trad.), *Le Message du futur bouddha, ou la Lignée spirituelle des Trois Joyaux, Ratnagotravibhâga, Mahâyânottaratantrashâstra*, Paris, Éditions Dervy, 2001.

Conche, Marcel, *Pyrrhon ou l'apparence*, Éd. de Mégare, Villers-sur-Mer, 1973 : disponible à la Librairie Vrin, place de la Sorbonne, Paris. Rééd. Paris, PUF, «Perspectives Critiques», 1994.

Cook, Francis H., *Fa-tsang's Treatise on the Five Doctrines. An Annotated Translation*, thèse de doctorat, université du Wiconsin, 1970.

–, *Hua-yen Buddhism : the Jewel Net of Indra*, Pennsylvanie, Univerity Park, Pennsylvania University Press, 1977.

Dalaï-Lama, *Pacifier l'esprit, une méditation sur les Quatre Nobles Vérités du Bouddha*, traduit du tibétain par P. Carré, Paris, Albin Michel, «Spiritualités Vivantes», 1999.

Bibliographie

Fa-hai, *Le Soûtra de l'Estrade du Sixième Patriarche Houei-neng*, traduit du chinois et commenté par P. Carré, Paris, Seuil, « Points Sagesses », 1995.

Faure, Bernard, *Le traité de Bodhidharma : première anthologie du bouddhisme Chan*, Paris, Le Mail, 1986.

–, *Le bouddhisme Ch'an en mal d'histoire : genèse d'une tradition religieuse dans la Chine des T'ang*, Paris, École française d'Extrême-Orient, 1989.

Gampopa Seunam Rinchen, « *Le Précieux Ornement de la Libération* », *un enseignement suprême pareil au Joyau magique, étapes graduelles sur la voie du Grand Véhicule*, Saint-Léon-sur-Vézère, Éditions Padmakara, 1999.

Hopkins, Jeffrey, *Meditation on Emptiness*, Londres, Wisdom Publications, 1983.

Kim, Suah, *A Study of the Indian Commentaries on the Lankâvatârasûtra : Madhyamaka and Mind-Only Philosophy*, thèse de doctorat, Cambridge (Massachussets), département des études sanskrites et indiennes, université de Harvard, 2002.

King, Richard, *Early Yogaacaara and its Relationship with the Madhyamaka School*, Hawaii, « Philosophy East & West », University of Hawaii Press, vol. 44, n° 4, 1994.

Kunzang Palden, *Perles d'ambroisie*, Saint-Léon-sur-Vézère, Padmakara, vol. I et II, 2006.

Kunzang Palden, Kunzang Seunam, *Comprendre la vacuité*, Saint-Léon-sur-Vézère, éditions Padmakara, 1993.

Lessing, F. D., et Wayman, Alex, *Introduction to the Buddhist Tantric System*, trad. du *rGyud sde spyi rnam* de Khédroupjé, Delhi, Motilal Banarsidass, 2ᵉ éd., 1978.

Li Tongxuan, *Entry into the Realm of Reality : the Guide*, Boston & Shaftesbury, 1989. Commentaire du « Gandavyûha », le dernier livre du *Soûtra des Ornements Fleuris*, traduit du chinois par Thomas Cleary.

Longchen Yeshe Dorje (Yeshé Dorjé), *Treasury of Precious Qualities, A Commentary on the Root Text of Jigme Lingpa*, translated by the Padmakara Translation Group, Boston et Londres, Shambhala, 2001. (« Quintessence de l'Ambroisie », traduction française en préparation, mss.)

Lusthaus, Dan, *Buddhist Phenomenology : A Philosophic Investigation of Yogācara Buddhism and the Ch'eng wei-shih lun*, Londres, Curzon Press, 2000.

–, «What is and isn't Yogācāra», www.acmuller.net/ yogacara/articles/ etc.

Magnin, Paul, *La vie et l'œuvre de Huisi : les origines de la secte chinoise du Tiantai*, Paris,École Française d'Extrême-Orient, 1979.

–, «La co-production conditionnée selon l'école chinoise Huayan, ou la vision de la totalité», *Les cahiers bouddhiques*, n° 2, Paris, Université Bouddhique Européenne, décembre 2005, p. 47 à 74.

McGovern, W.M., *Manual of Buddhist Philosophy (Cosmology)*, Lucknow, Oriental Reprinters, 1976.

Mipham, *L'Opalescent Joyau, Nor-bu ke-ta-ka*, traduit du tibétain par S. Arguillère, Paris, Fayard, «Trésors du bouddhisme», 2004.

–, *Speech of Delight*, commentaire de l'«Ornement de la Voie médiane» de Shântarakshita, trad. T. H. Doctor, Ithaca, Snow Lion, 2004.

Nâgârjuna, *Stances du milieu par excellence*, traduit de l'original sanskrit, présenté et annoté par Guy Bugault, Paris, Gallimard, «Connaissance de l'Orient», 2002.

Patrul Rinpoché, *Le Chemin de la Grande Perfection*, traduit du tibétain en collaboration avec Christian Bruyat, La Besse, 24 620 Peyzac-le-Moustier, Padmakara, 1987.

Robinson, Richard H., *Early Mâdhyamika in India and China*, Delhi, Motilal Banarsidass, réimpression, 1976.

Ruegg, D. S., *Le Traité du Tathâgatagarbha de Bu ston rin chen grub*, Paris, École Française d'Extrême-Orient, 1973.

Sengzhao (*et al.*), *Introduction aux pratiques de la non-dualité, Commentaire du Soûtra de la Liberté inconcevable*, traduit du chinois par P. Carré, Paris, Fayard, «Trésors du bouddhisme», 2004.

Shântarakshita, *voir* Mipham

Silburn, Liliane, & *al.* : *Le Bouddhisme*, Paris, Fayard, 1977. Réédition du même ouvrage sous le titre *Aux sources du bouddhisme*, Fayard, 1997.

Suzuki, Daisetz Teitaro, *The Lankavatara Sutra, a Mahayana Text*, 1932, réimp. Boulder, Prajñâ Press, 1978.

–, *Studies in the Lankavatara Sutra*, Londres, 1930, réimpression Taipei, Southern Materials Center Inc., 1977.

–, *Essais sur le bouddhisme zen*, Paris, Albin Michel, «Spiritualités vivantes», 3 vol., 1972.

Taranatha, *Le Soleil de la Confiance, la vie du Bouddha*, traduit par le Comité de Traduction Padmakara, Saint-Léon-sur-Vézère, Éditions Padmakara, 2003.

Bibliographie

Vasubandhu, *Abhidharmakosha*, traduit et annoté par L. de La Vallée Poussin, Bruxelles, Institut belge des hautes études chinoises, « Mélanges chinois et bouddhologiques, vol. XVI », 1971, 6 volumes.
Wei Tat (éd. sino-anglaise), *Ch'eng Wei-Shih Lun, Doctrine of Mere-Consciousness*, by Tripitaka-Master Hsüan Tsang, Hong Kong, The Ch'eng Wei-Shih Lun Publication Committee, 1976.

Table des matières

Ouvrage composé en Bembo
par Dominique Guillaumin, Paris

www.ingramcontent.com/pod-product-compliance
Lightning Source LLC
LaVergne TN
LVHW010531060726
842525LV00013B/3073